中小企業経営者への
メッセージ

黒字経営のシナリオ

税理士
齋藤保幸

TKC出版

はじめに

日本が戦後復興期を迎えた頃、私はこの世に生を受けました。昭和50年ぐらいまでは日本の法人企業のうち、7割が利益法人でありました。その後バブル経済が弾けた平成3年頃からその比率は逆転し、今や7割が欠損法人となっています。このことは、今日黒字企業になることがいかに難しいかを物語っています。中小企業にとって何もしなければ赤字になってしまう、赤字が当たり前の時代に入ったということです。

日本経済が右肩上がりのときは、「作れば売れる」「仕入れれば売れる」「仕事をすれば儲かる」時代でした。誰もが脱サラをし、創業を目指した時代でもありました。誰が社長をやってもそこそこ儲かった時代でした。ですからとりたてて社長が「数字」に強くなくても、またマーケティング戦略などを講じなくても、会社は回っていました。

けれども今は違います。中小企業を取り巻く環境は激しく変化をしています。中国やインドなどの追撃は激しく、顧客のニーズも変化しています。一昔前のようなビジネス感覚では到底「社長業」は務まらない時代なのです。

また、金融機関の中小企業を見る目もシビアになっていることも、黒字経営にしなければならない理由の一つです。昔は土地担保主義で、土地は値上がりするとの前提に立って融資を受けられましたが、現在はどの金融機関も「企業格付け」「企業査定」を行うなど企業の返済能力を重視した融資スタイルに変わってきています。

すなわち赤字が何年も続けば融資をしてもらえないおそれが出てきているのです。中小企業が置かれている環境がこのように変わってきたということは、その一番身近な相談相手である税理士に対するニーズも変わってきており、記帳代行や税金対策にウエイトを置いた業務内容から、中小企業の経営革新や経営改善をサポートするスタイルに変えなければならないということです。それは社長を元気づけ、毎年利益が出るような仕組みを「知恵袋」として助言し、支援することにほかなりません。

社長の「気づき」や「やる気」を引き出す

静岡県の沼津という地方都市に骨をうずめる覚悟で東京から戻り、税理士事務所を開設して、はや30年が過ぎました。振り返れば会計事務所を始めるにあたって思ったことは、「これからの税理士は税務だけでなく、会社の経営に対しても何らかのサービスを提供しなければならない。関与先から依頼された仕事だけをこなすのではなく、経営に必要な情報をタイムリーに提供し、経営に必要な新たな業務をこちらから積極的に提案できる事務所を作りたい」ということでした。そのためには私自身がさらに経営の勉強をすることが重要だと考えていました。コンサルタント会社等が主催する高額なセミナーや勉強会にいくつも参加し、実際に関与先の何社かにその手法を試してみたりもしました。

しかしどうも思うように成果が出ません。いくら私がいろいろ考えてチャレンジしても、お客様の業績は一向に良くならないのです。悩んだ末一つの結論として分かったのは、コンサルタントがいくら働きかけても、中小企業は社長が行動しない限り何も変わらないという事実でした。いかに私が勉強したところで経営については素人であり、経営のプロである社長に対して「経営指導」と称して提案したところで、なかなか成果は出ないということです。ではどうすればいいのか。結局のところ社長自身が「気づき」そして「やる気」を起こし、「行動」しなければ経営は良くならないのだと気が付きました。

「会計」の力が社長に「やる気」を与える

どうしたら社長に「気づき」を与えられるのか、それは今の状況を正確に、早く知っていただき（現状把握）、このまま行ったらどうなるのか（将来予測）をお知らせすることです。またどうしたら「やる気」になってもらえるのか、それは社長の考えている打ち手を引き出し、それを数値化し、「こうやったらこうなる」という姿を繰り返し納得するまでお見せすること（経営シミュレーション）です。経営の状況はすべて数値で表せます。というより数値以外では客観的に表現できません。その数値をできるだけ正確に早くつかむ仕組みが「会計」なのです。

ただ中小企業の場合、多くの社長は経営数値を読み、経営に生かすことに慣れていません。したがって「会計」という道具を社長自らが使えるように指導し、経営に生かしてもらう働きかけを繰り返し行っていくことが会計事務所のサービスなのだと思うようになったのです。私が現在代表を務める税理士法人トップが提供している「自計化システムの導入支援」「月次巡回監査」「四半期ごとの業績検討会」「中期経営計画策定会」「単年度予算策定会議」「決算報告会」は、このような考えに基づいて社長が経営数値に親しむ機会をできる限り多く持っていただき、「会計」の力をもって計画的な経営を行い、事業のさらなる発展につなげていただくために開発したビジネスモデルなのです。このビジネスモデルをできるだけ多くの中小企業に提供することが中小企業の発展に寄与することだと考えています。

本書は、中小企業を経営されている社長の皆様に「会計」の力を身につけていただくために、またその経営パートナーとして業務を行っておられる同志である税理士の皆様に関与先に提供する新たな業務のヒントを得ていただくために、またこれから税理士を目指される若い人たちに今求められている税理士の仕事をご理解いただきこの業界に夢をもって参入していただくために、私の拙い税理士としての30年の実務経験の集大成として書き上げたものです。

なお本文中には、読者の皆様に会計を身近に感じていただけるように、坂本孝司氏〈愛知工業大学大学院教授・税理士・米国公認会計士〉の著書『会計で会社を強くする 簿記・会計先覚者の金言集・解説〈改訂新版〉』〈TKC出版〉から一部を掲載させていただきました。掲載をご快諾いただいた坂本先生に心より感謝します。

出版にあたり、長きにわたりご指導を賜りましたTKC全国会の諸先輩方、ならびに飯塚真玄会長をはじめとする株式会社TKCの社員の方々、本書編集についてご協力をいただきましたTKC出版の清水公一朗氏に心より感謝を申し上げます。

ありがとうございました。

平成27年5月　税理士　齋藤保幸

目次

2 経営計画はなぜ必要なのか　54

序章

すべては社長で変わる

業績を伸ばしている社長に共通する4つの特徴

業績を伸ばしている中小企業の社長さんの共通点は何でしょうか。
それは端的に言って「真面目で、素直で、成長したいという強い思いを持っている人」だと思います。これは私が税理士として30年間、多くの社長さんと接してきて実感したことです。

「真面目で素直で成長志向」などと言えば当たり前のように聞こえるかもしれませんが、実際にはそのような社長はそれほど多くはいらっしゃらないものです。
社長が真面目でなければ、どこかでごまかしをしてしまい、経営をおかしな方向に進めてしまいかねません。また、素直さがなく頑固で人の意見をまったく受け入れなければ、やはりどこかで経営が行き詰ってしまいます。さらに成長志向が弱ければ、時代の変化つまり新しい環境変化に適応して何としても会社を発展させようという意欲に欠ける気がします。

この真面目、素直、成長志向の3つに加えて、もう一つ発展している会社の社長さんの

共通点として挙げられる要素があります。それは、

会社の数字に興味を持ち、会計を経営に生かしている！

ということです。

数字、会計という言葉を聞いただけで、社長さんの中には「難しそうだ」と身構えてしまう方がいらっしゃるかもしれません。

しかし決して難しいことではありません。最初に知っておいていただきたいことは、「数字が読める」「会計を経営に生かしている」というのは、複雑な分析をしたり、特別な管理手法を駆使したりすることではないということです。私自身、中小企業の経営を安定させ、発展させていくために、そのような複雑で難解な分析手法など必要ないと確信しています。

経営の数字とは、実は「足し算」と「引き算」と「割り算」と「かけ算」で誰でも計算でき、理解できる数字ばかりなのです。物理や数学ではなく算数の世界です。それを使っ

て自分の会社を見ていけばいいのです。最初のうちは慣れなくても、繰り返し数字を見る癖をつけると次第にその感覚が養われます。数字にはそういう不思議な力があるのです。

自社の「利益」と「お金」を生み出す仕組みを理解する

それでは自社のどの数字に注目すればよいでしょうか。それはたった2つ、**「利益」**と**「お金（現金）」**です。というのも、この2つさえ分かれば企業経営にとって極めて重要な、「利益を生み出す仕組み」と、「お金を生み出す仕組み」が理解できるからです。この2つほど経営に役立つ数字はありません。

企業である以上、最終的に利益をあげなければいけませんから、「利益があがった原因」「利益があがらなかった原因」を把握する必要があります。数字を見て、利益が出ていない原因が分かれば改善のための次の一手が打てますし、逆に利益が出ていてその理由が分かれば、さらに利益を増やすための策を講じることもできるわけです。

「お金（現金）」についても同様です。「なぜお金が生まれたのか」「なぜお金が足りなかったのか」、その原因を把握することが大事です。そしてその原因はすべて会計数値から読み解けます。このお金の出し入れ（キャッシュ・フロー）を把握しておくことはとても大切です。

こんな例がありました。ある販売業の会社は、2008年に起きたリーマン・ショックの頃から売上げが落ち込みましたが次第に業績が回復して、最盛期には及ばないものの利益も増えつつありました。ところが社長さんが「取引先へ毎月の支払いをすると資金不足になる。利益が出ているのにどうして資金が足りないんだ」と言うので原因を探ってみたところ、毎月の銀行への返済額が多いために運転資金不足になっていることが判明しました。銀行に相談して毎月の返済額を下げてもらい、何とかこの窮地を切り抜けることができたのです。

社長であれば、これまでに「黒字倒産」という言葉を耳にしたことがあるのではないでしょうか。「勘定合って銭足らず」と言いますが、そうした状況に陥らないように、今後ますますキャッシュの流入と流出の差に着目した企業経営、つまり「キャッシュ・フロー」を重視した経営が求められます。

このような視点で、まずは自社の「利益」と「お金」の動きを会計からきちっとつかむことが、経営を安定させていく上で不可欠なのです。

数字をおろそかにしてはいけない

社長の心構えとして、最初に申しあげておきたいことは、会社を経営する上で決して数字に対する認識をおろそかにしてはならないということです。もし、

「数字の把握なんて後回しでいい」

「まずは営業だ、とにかく営業がすべてだ！」

などとお考えの社長さんがいらっしゃるとしたら要注意です。

もちろん営業活動は不可欠ですが、これからの時代、数字が読めない社長は通用しないでしょう。この点を多くの中小企業の社長さんは認識されていません。自分の会社の数字をいち早くつかみ、その数字をもとに、打ち手を講じていく。これが混沌としたいまの時代を生き抜いていく企業となるための最良の策です。企業経営において数字を甘くみてはいけません。この点については特に声を大にしてお伝えしたいと思います。

ここで勘違いしてほしくないのは、私は数字だけで経営が成り立つなどと申しているわけではないということです。社長の意思決定に、もっと数字を役立てるべきだと申しあげ

たいのです。なぜなら私自身が間近で見てきた業績が好調な社長さんは、会社の数字に興味を持ち、会計を経営に生かして会社を発展させてきた方ばかりだからです。

ですから、「もっと業績を伸ばしたい！」と思っている社長さんは、まず経営に会計の力を活用することに取り組み、自社の数字を読み解いていただきたいと思います。その中で必ずや会社が発展するためのヒントが見つかるはずです。

社長が変わらなければ会社は変わらない

本書は主に年商5億円ぐらいまでの規模の中小企業の社長の方々を読者として想定していますが、企業規模に関係なく、閉塞感のある現状を打開して、経営改善を図っていこうとお考えの社長さんにぜひ読んでいただきたいと思います。

中小企業イコール社長と言っても過言ではないと私は感じています。中小企業の場合、社長の意識と行動が変われば会社も変わるからです。社員は、「社長は本気でやるつもりだ」と分かったときに、はじめて本気になって動くものです。社長の意識と行動が変わることによって社員の意識と行動も変わるのです。

今、あなたの会社の経営状況はいかがでしょうか。順調ですか？　それとも厳しい状況が続いていますか？　少し厳しい言い方になるかもしれませんが、中小企業においては、収益が生まれないのは社長さんが原因であるケースが大半です。ですから会社を変えるために最初に変わるのは社長でなければなりません。業績の悪化は景気のせいではなく、すべて社長の責任である。私自身もそうした気持ちで自分の事務所の経営を行っています。

いかに会社の収益をあげるかということを真剣に突き詰めて考えることができるのは社長さんしかいません。「社長、こうすればうちの会社はもっと儲かります」などと進言してくれる社員はいらっしゃいますか？　決して多くはいないと思います。ですから社長自身が考えるしかない。これは中小企業の宿命です。しかし考えるきっかけを与えてくれる強い味方がいます。それこそが数字であり、会計なのです。

私は税理士としてこれまで30年の間、「1人でも多くの社長が数字を読めるようになってほしい。そして会社を発展させてほしい」と願い、会計の力を信じ、中小企業のお客様のお役に立ちたい一心でご指導してまいりました。その点で本書は、税理士として中小企業の社長に直に接しながら得てきた教訓や思いを綴った、今日からでも取り入れていただける「経営に役立つ会計」の話です。

会計を知れば数字から会社の実態が分かり、会社の成長にとって何が良いのか悪いのかを見極めることが可能になります。本書を読み進めていくうちに、会計から経営を読み解く面白さにも気づいていただければうれしく思います。

さあ、会計を使って会社を発展させる社長になりましょう！

第1章

黒字経営のシナリオ

1 求められる社長の資質

世の中赤字が当たり前の時代

2014年10月の国税庁の発表によると、日本の黒字法人の割合は3年連続で上昇しました。景気回復局面を円安の恩恵が後押しし、上場企業を中心に業績は総じて好調ということはご承知のとおりです。

その一方で、中小企業を経営されている社長さんは、なかなかアベノミクスによる景気回復が浸透していないというのが実感ではないでしょうか。

しかし、中小企業は業績の良し悪しを景気や政治のせいにしていてはいけません。どんな環境であっても、業績の良い会社は存在しています。

もちろん初めから「赤字でいい」と考えている社長はいないはずです。会社存続に必要な利益を出し続けなければ、いくら素晴らしい経営理念やビジョンを持っていても市場から退場を余儀なくされるからです。

前にも述べたように、金融機関の見る目が厳しくなってきていることも、黒字経営にしなければならない背景としてあります。昔は土地担保主義で融資していましたが、現在はどこの金融機関も「企業格付け」を行って返済能力を重視したスタイルに変わってきています。赤字が何年も続けば運転資金を融資してもらえないおそれが出てきているのです。

中小企業が置かれている環境がこのように変わってきたということは、その一番身近な相談相手である私たち税理士に対する要望も変化してきているということです。

つまり、記帳代行や税金対策にウエイトを置いていた業務内容から、中小企業の経営革新や経営改善をサポートするスタイルに変えなければならないということです。それは社長を元気づけ、毎年利益（黒字）が出るような仕組みを助言・指導することにほかならない。私はそう考えています。

赤字企業と黒字企業の分岐点がどこにあるかを検討していくと、実は社長の数字に対する意識の差が大きいということに気づきます。

赤字に陥っている会社の社長の特徴として、「数字に弱い」「数字が嫌い」「データを生かせない」「売上げだけしか分からない」などの共通点が挙げられます。

黒字経営を続ける社長さんはその逆で、「数字を経営に生かせる」「生きている数字が読める」方が比較的多いといえます。

中小企業の社長さんの中には、自社の経営状態を表す損益計算書や貸借対照表などの見方が分からずに経営している方も多く見受けられます。

しかし時代はものすごいスピードで変化しています。昨年の出来事が、遠い過去に感じられるほどの感覚で、新しい技術開発やイノベーションが起きています。社長は世の中の急ピッチな変化をしっかりつかみ、適切な経営判断をすることが求められています。

残念ながら、絶対に黒字化する特効薬や秘策はどこにもありません。しかし一つだけ確かな処方箋は、社長自らが数字に強くなることです。数字が分かるまで訓練するしかないのです。この点について今日ほど社長の資質が問われている時代はありません。

右肩上がりの経済はとうの昔に終わりを告げています。企業間競争が激しさを増している時代です。競争に勝つためには明確な自社のビジョンとそれを達成するための計画が必要です。これまで淘汰されてしまった企業の中にはドンブリ勘定的な経営をされていた企業が多くあったのではないかと思います。

中小企業は熾烈な競争にさらされているわけです。勝つための戦略や行動計画等が明示されていなくてどうやって勝ち残っていけるのでしょうか。

「Ｕターンしない社長」は強い

社長の姿勢として「決してＵターンしない社長」でなければいけないと思います。どんな事業であっても、必ず泣きどころ、乗り越えられないような壁が出てくるものです。大きな壁に直面すると、ほとんどの人はＵターンしてしまいます。自分でせっかく汗を流して考えた経営基本方針であっても貫徹しようとせず、壁を回避するテクニックに走ってしまう。これは、最後までＵターンしない人間だけが勝ち組に入るということを知らないからです。困難に出会っても「目標の貫徹力」があることが社長に求められる大事な資質です。

こんなエピソードがあります。ある地方の若者が東京駅に近い伯父の会社にやって来て、その会社のビルの屋上から下を見おろすと東京駅を何万人という人が出たり入ったりしている。その様子を見た若者が、「伯父さん、東京駅から何万の人が出入りしているのが屋上から見えたけれど、大学を卒業して世の中へ出て、あの人たちを抜こうと思ったら、人の何十倍もの努力をしなくてはならないね」と言ったところ、伯父は「そんな努力をする必要はないよ。あの何万の人たちの99・9％までは困難なことがあるとUターンするものだ。お前はUターンしないほうの0.1％の中に入っていればいいのだよ」と答えたそうです。

この伯父さんの言葉をどう考えるでしょうか。

2 黒字経営を実現する4つのステップ

それでは、中小企業が毎期黒字決算を実現していくためにはどうすればよいのでしょうか。その方法論として、「黒字経営のシナリオ」について述べてみたいと思います。

黒字経営のシナリオ

ステップ❶　社長が数字に強くなる。
ステップ❷　自社の必要利益を知る。
ステップ❸　社長が戦略を考える場を作る。
ステップ❹　PDCAサイクルを回す。

黒字化へのステップ①

社長が数字に強くなる

1つ目のポイントはまず、社長自身が「数字」（財務数値）に強くなることです。このことは何度も申してきました。

数字は「経理の仕事＝金融機関や税務署に提出するための書類（決算書）づくり」と考えている社長がいまだにかなりいらっしゃるようですが、そうではなく、「数字は私のもの」と思わなければいけません。「私のもの」とは、経営と経理が一体になっている状態のことを指します。

たとえば、野球の世界ではデータ野球が当たり前になっていますが、監督（＝社長）がデータに強く、自分の欲しいデータをスコアラー（＝経理担当者）に指示して収集すれば、対戦相手の攻略法が見えてきます。これと同じで、まずは社長が数字に明るくなり、自分の欲しいデータを経理担当者に指示し、それをタイムリーに見ることができるような仕組みを作らなければ、毎期黒字決算を実現することは難しいでしょう。私の税理士法人では大前提となる経理担当者の育成に関して、まず「初期経理指導」をしっかり行っています。

黒字化へのステップ❷

自社の必要利益を知る

次のステップは、自社にとって必要な利益とはいったいいくらなのかを知ることです。これが中小企業では意外に分かっていないようです。分かっていないから、世の中の7割もの企業が赤字になっているのだと思われます。

さりとて、それは同業者の売上高経常利益率などを参考にすれば算出されるというものでもありません。必要利益とは会社存続に必要な利益のことで、より具体的にいえば借入金返済や将来への蓄えなどをまかなう原資のことをいいます。ところで1年間事業活動を行った結果、何をもって良かったのか悪かったのかというのか……。何か判断軸がなければその良し悪しを論じることはできませんが、その最も適したモノサシ（目標）が「必要利益」なのです。

ところが、大方の中小企業では目標を設定する場合、まず売上げをどうするかということから入ります。そしてその結果、「利益がこれくらいしか出なかった」とか「不本意ながら赤字になってしまった」などと言い訳をするわけです。このやり方・発想は間違いです。

そうではなく、**必要利益を起点にして毎年「利益計画」を作成すべきなのです。**これを「変動損益計算書」に基づいていえば、上（売上げ）から下（経常利益）に降りてくるのではなく、下から上にのぼるという発想です（変動損益計算書とは、通常の損益計算書の原価と費用を変動費と固定費の2つに分けて表示したもので、業績管理のための参考資料として活用できるものです。くわしくは75頁ご参照）。

目標がこのように定まれば、次はその利益をあげるための手段（打ち手）を考えればいいということになります。手段は大きく分けると、売上げから限界利益までの〝商品・市場戦略の成果〟をどうするのかということと、人件費から経常利益までの〝適正な成果配分の実現〟をどうするかの2つとなります。

たとえば、売上げに関していえば現在のような厳しい状況下では、継続的に売上げをあげるのは難しいため、「SWOT分析」や「アンゾフ・モデル」（次頁図表）などを使って自社の進むべき方向（商品・市場戦略）を見つけるというのも有力な手法でしょう。

例を挙げますと、X社は、長年にわたりトイレットペーパーなど「家庭紙」をメインに事業展開していましたが、数年前にそのトイレットペーパーにプリントした製品（『プリント・トイペ』）を開発したことで業績を大きく伸ばしました。具体的には、トイレットペー

アンゾフ・モデル

	現商品（現サービス）	新商品（新サービス）
現市場（顧客）	**Ⅰ：市場深耕戦略** いまの商品を顧客を増やしてもっと売る！	**Ⅲ：新商品開発戦略** 新商品を開発しいまの顧客に売り始める！
新市場（顧客）	**Ⅱ：新市場開拓戦略** いまの商品を新市場（地域・客層）で売り始める！	**Ⅳ：多角化・事業転換** 成長が期待できる業種・業態に転換し新ビジネスを始める！

（出典：H・I・アンゾフ（1965年））

パーに「東海道五十三次」などをプリントして、トイレの中で宿場や名物の知識を学び、楽しんでもらうという商品です。つまり、トイレットペーパーに〝情報〟を載せることによって、新しい市場（ノベルティグッズ等）を開拓することができたわけです。このケースは、アンゾフの4象限でいえば「現商品・新市場」に該当します。意外な〝使い途〟を発見できれば、将来の〝金の成る木〟に成長させることも可能なのです。

黒字化へのステップ③

社長が戦略を考える場を作る

大半の中小企業の社長さんは目先の仕事に追われ、落ち着いてシナリオ（商品・市場戦略）を考える時間などないのが実情ではないでしょうか。

そこで私の税理士法人では経営計画策定システムを使って、社長に戦略などを考えてもらう〝場〟をセッティングしています。これが黒字経営へと導く3つ目のステップです。

つまり、社長に「来期はこういうことをやってみたい……」といったラフなアイデアをその場で語っていただき、それを経営計画策定システムを使って「数字」に置き換えることで、ラフなアイデアが具体的な計画となり、「やる気」につながっています。できれば単年度だけでなく、「5か年計画」であればなお良いです。

というのも、経営改善や設備投資などの効果が表れるのは1年ではムリな場合があり、3年目くらいにようやく黒字になるということがままあるからです。

この5か年計画を作成するタイミングとしては、第2四半期が終了したときが望ましいと考えています。5か年計画の1年目が次期の予算にほかならず、それは第3四半期が終わった頃、今期の現状を加味しながら、より精緻に作成します。そして期が改まり、実際に事業活動が開始されると、四半期ごとに「業績検討会」を開きます。

業績検討会では会計事務所同席のもと、予算と実績の差異から問題点を発見し、今後の予測を行いますが、そうすると社長に「気づき」が生まれます。そして「打ち手」を考え、シミュレーションを繰り返し、最善の策を「数値化」することによって社長の「やる気」につなげるわけです。

この業績検討会を四半期ごとに行っていくと、それまで数字に明るくなかった社長でも興味を持つようになります。中には3か月に1度ではなく、毎月行いたいという人も出てきます。

ちなみに、もし実行計画を立てないとどうなってしまうでしょうか。

①予定や予算は立てるが計画を立てて実行しない。
↓
②予定や予算どおりにいかないからいつも仕事に追いかけられている気がする。
↓

③いつも追われているから前向きな思考ができない。

←④できない理由を一所懸命探し、理由づけをして納得しようとする。

←⑤いつもできない理由づけをしているからそのうち自己嫌悪に陥る。

←⑥ついにパンクする。

このような図式が頭に浮かんできませんか。実は私の税理士法人も以前、こうした悪循環に陥っていたことがあります。すべての根源は計画性の無さから始まっています。このことからも具体的な計画とその「実行力」が必要であることがお分かりいただけると思います。

厳しい経営環境のもとでも立派に経営をし、黒字決算を実現している会社は、この点が違うのではないでしょうか。思考を省略せず、しっかり考え、行動に移せること。苦しくても何が何でも実行するという社長の強い意志が将来の明暗をはっきり分けていくのだと思います。

黒字化へのステップ❹
PDCAサイクルを回す

次のステップは「社長自らが自社の数字をタイムリーにつかむ」ための仕組みを作ることです。そのツールとして最適なのが会計システムの活用（自計化）です。この仕組みを社内にビルトインし、「ＰＤＣＡサイクル」を回すことが黒字経営を続ける４つ目のポイントです。

社長の皆様は、「自計化」という言葉を耳にされたことがあるでしょうか。自計化とは「自社の業績管理における計数的な把握を、社長自らが行う体制にすること」です。私の税理士法人においても、生きた数値を読み解くためのツールとして、お客様に会計システムを活用していただき、自計化の体制を構築していただいています。

ちなみに、いまは市販の会計ソフトなど「自計化」の花盛りと言えますが、単に会計システムを導入しただけでは自計化ではありません。たとえば、毎日伝票を入力するために会計ソフトを使っているのであれば、経理を自動化しただけです。これは「自計化」に対して、「自経化」でしかありません。それが一般的な会計ソフトの限界なのかもしれませんが、経営に役立つものとしなければ真の自計化ではないのです。

私の税理士法人では経営に役立つことを主眼に設計された会計システムをご提案し、社長が自ら考えられるようになるまで丁寧にサポートし、毎月訪問する際にシステムの活用の仕方なども提案しています。このように会計事務所がしっかりと「社長にとって必要なデータの取り方・数字の見方」についてサポートすることによって、はじめて社長自身が状況に応じて効果的な「打ち手」を講じることができるようになってきます。

そうすれば、その打ち手はあくまでも必要利益（目標経常利益）を達成できるかどうかに基づき繰り出されるものになるでしょう。

さらに望ましい業績管理のあり方は、「部門別」に分けて行うことです。部門別とは小売店・飲食店であれば「店」ごと、全国展開しているメーカーなどであれば「営業所」あるいは「工場」ごと、というように、損益を管理できる最小単位にセグメントする方法です。

たとえば首都圏に3店舗（A・B・C）を持つ「酒店」の場合なら毎月A・B・C店ごとに売上げ、変動費、限界利益（売上高から変動費を差し引いた金額）、固定費、経常利益が予算に比べてどうだったのかをチェックするわけです。結果、仮に3店舗の中でA店の限界利益率（限界利益を売上高で除したもの）がここ数か月最も良かったとすれば、その要因を探り、それをB・C店にも取り入れる。こうすれば、会社全体の収益性を高めることができます。

このように、損益を自社で管理できる最小単位にセグメントして管理することで、より良い打ち手を考えることができるようになります。商品グループ別・得意先別・店舗別・営業所別などに区分してその仕組みを作ることが必要です。

いずれにしても、全社および部門ごとに、社長がタイムリーに業績をつかみ、打ち手を考え、実行に移す仕組みを作ることが黒字化への道なのです。「経営に役立てるための自計化」についてもぜひ税理士に相談していただきたいと思います。

プロの視点

●黒字経営実現のためには〝シナリオ〟が欠かせません。

●世の中の経済活動・経営活動の成果はすべて数字に現れます。経営者なら「経営に役立つ自計化」で数字を読み、タイムリーに打ち手を考えましょう。

●売上げからではなく必要利益から利益計画を作りましょう。

●損益を自社で管理できる最小単位にセグメントして管理（部門別業績管理）することで、より良い打ち手を考えることができます。

簿記・会計先覚者の金言1

いまなお、普遍性を持ったまぎれもない「マネジメント科学」と呼べるものは、複式簿記とそこから派生した手法だけである。

P・F・ドラッカー
Peter Ferdinand Drucker
マネジメント概念を生み出した、20世紀を代表する経営学者

簿記・会計に関する金言　P・F・ドラッカー『マネジメント』より*1

世界で最初のマネジメント学者は、ルネサンス時代の夜明けに複式簿記を考え出した、名前すらとうの昔に忘れ去られたイタリア人である。以後に考案されたマネジメント・ツールはどれひとつとして、複式簿記のシンプルさ、正確さ、実用性に太刀打ちできない。**いまなお、普遍性を持ったまぎれもない「マネジメント科学」と呼べるものは、複式簿記と、そこから派生した手法だけである。**あらゆる業界、あらゆる組織において毎日欠かさず用いられる体系的なルールは、これをおいてほかにない。ところが、これまで誰も、複式簿記をマネジメント科学と呼んでいない。

*1 Drucker（1993）p.506. 有賀（2008）313頁。

（出典：坂本孝司『会計で会社を強くする　簿記・会計先覚者の金言集・解説〈改訂新版〉』ＴＫＣ出版）

第2章

税理士とタッグを組んだ業績管理体制の構築

1 中期経営計画の策定と四半期ごとの業績検討会

社内外の知恵を結集して目標達成を確かなものにする

業績管理は、目標達成のための鉄則です。計画（Plan）を立案し、実行（Do）しても、その成果を定期的にチェック（Check）し適切な対策（Action）を行わなければ、せっかくの計画が〝絵に描いた餅〟になりかねません。

私の税理士法人では、経営計画策定システムを用いて、関与先企業に中期経営計画立案や次期予算計画策定、業績管理体制整備といったPDCAサイクルを回す支援を行ってきました。そこで積極的に提案してきたのが、「四半期業績検討会」の開催です。

四半期業績検討会は、文字通り四半期（3か月）ごとに行う業績検討のための定例会議で、社長以下、取締役、幹部が中心となって進めます。

多くの企業で日々の業績チェックや月次会議等で業績管理を行っていると思いますが、私の税理士法人が勧めている四半期業績検討会はそれらとは若干位置づけが異なります。その最大の相違点は会計事務所を交えて行うことです。

四半期業績検討会でも、予算と実績の乖離を把握し、要因を探って対策を立てるという基本的な流れは変わりません。ただ、企業内部で行う検証だけでは気付かない点もあるはずで、これを補うため外部の専門家も加わり、多角的に予算と実績の差異要因を分析していくのです。

また、商法において少なくとも3か月に1度、取締役会を開催しなければいけないと定められていますが、実態として多くの中小企業では、取締役会で侃々諤々の議論が繰り広げられることはほとんどありません。それが四半期業績検討会を実施することで、取締役会を形式的でない、より実効性のあるものに変えることができます。

さらに外部からの出席者として、中期経営計画に沿った設備投資資金の融資を受けている場合などは、取引金融機関の融資担当者にも参加してもらってもいいでしょう。いずれにしても、社内外の知恵を結集させることで目標達成をより確かなものにしようというの

第1～第4四半期までの業績検討会の全体的な流れ

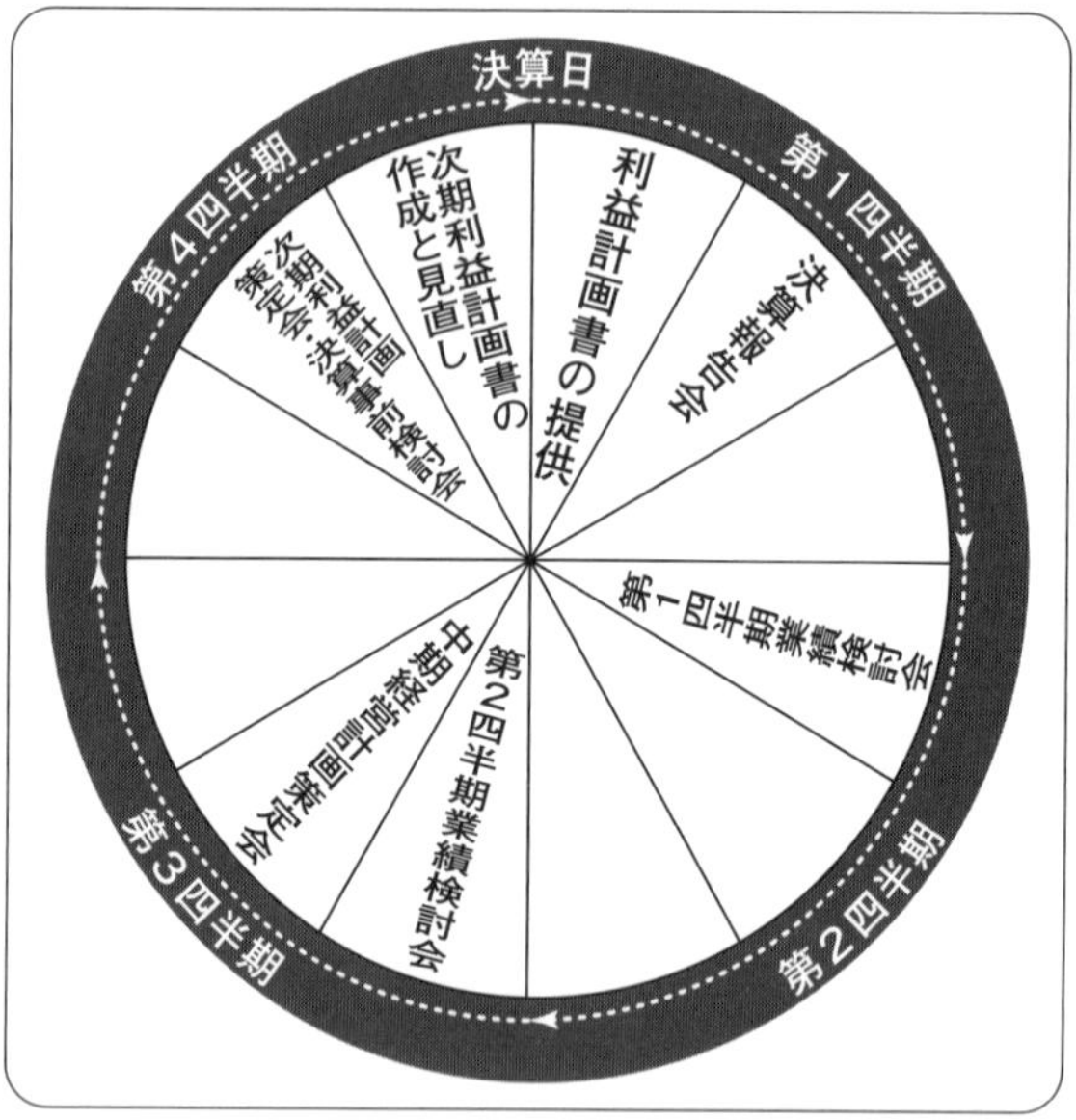

が、四半期業績検討会の眼目といえます。

では、具体的に何を検討していくのでしょうか。第1～第4四半期までの全体的な流れは上の図のとおりです。途中、第2・第3四半期の間に「中期経営計画策定会」が、第3・第4四半期の間に「次期利益計画策定会」がそれぞれ入ります。

以下で個別の内容を見てみましょう。

【第1・第2四半期業績検討会】

改善状況を把握して行動計画を見直す

第1四半期業績検討会では3か月間の実績をベースに、行動計画の実施状況と成果を確認し、さらに期末までの業績予測を行います。行動計画は前期に利益計画（予算）を策定する中で明らかになった経営課題や改善点を踏まえ立案したものです。

この時点で重点的にチェックするのは、行動計画が着実に実施されているかどうかです。新たな期がスタートして3か月しか経過しておらず、その成果も限定的と思われますので、個々の施策がやりきれているのかを重視します。中でも新たな取組み――たとえば新規開拓等――には注意が必要です。もし施策が徹底されていないようなら、その原因を探り、改善していきます。

こうした検討作業に必要な財務資料は、会計事務所の協力で作成します。中でも期末業績予測は、会計の専門家の力を借りないと難しいと思います。

私の税理士法人では会計システムを活用し、社長の意見をもとにパソコン画面で複数の予測条件でのシミュレーションを提示しています。具体的な経営数値が示されるので、社長は多くの気づきを得られるようです。このように、社長の思いや話されたことをそのまま瞬時に数字に置きかえて見せてあげることで、「この計画では無理だ」「これならいける」などと社長は判断することができるのです。

第2四半期業績検討会の内容も第1四半期とほぼ同様ですが、この段階で業績の着地点を予測し、納税予測と決算対策の検討を始めます。企業経営において税金はコストの一部。早めの節税対策によりコスト削減の効果を高めることが可能です。

第1、第2四半期で気をつけなければならないのは、業績予測が良くないからといって利益計画の「目標利益」を修正しないことです。利益は目的であり、売上げ・限界利益・固定費が手段です。目的ではなく、手段を見直すようにします。

【中期経営計画策定】

社長の方針・戦略を数値化する

第2四半期業績検討会で着地点が見通せたら、企業によっては3～5か年の中期経営計画を策定します。

中期経営計画策定は、特に赤字が見込まれる企業では不可欠な作業です。半期を終えて赤字が予測される企業が、残り6か月で黒字に転換するのは常識的にいってかなり困難です。そのため、来期以降の黒字化に向けた打ち手を検討するわけです。これは少々ラフな計画で構いません。会議の参加者は通常、社長と会計事務所の二者ですが、資金調達も関係するので可能であるならば金融機関の融資担当者にも出席してもらいます。

近年の赤字要因は環境変化による側面が大きいため、黒字転換するには業務改善ではなく経営革新が必要です。そこでマーケティングや商品開発、設備投資、組織改革などが検討の主要テーマとなります。進め方は社長が戦略や構想を話し、それによって業績がどのように変化するかを会計事務所が数値化して検討を重ねます。

たとえば社長が「既存商品が陳腐化してきているので、2年後までに新商品を投入する」という方針を立てたとします。これを受け、会計事務所は実現までの費用や人員、設備投資、さらに商品投入後の予想売上げから限界利益や経常利益がいくらになるかを会計システムで計算し、損益計算書、キャッシュ・フローで示します。売上げが増えても在庫費用などが過大になって黒字倒産する例もありますから、資金繰りまできちっと検討していきます。

もちろん中期経営計画は、業績好調で、今後積極的な事業展開を考えている企業にとっても有効です。この中期経営計画を中小企業新事業活動促進法に対応した「経営革新計画承認申請」に転用することもできます。

【第3・第4四半期／次期利益計画】

現場の声を利益計画に反映させる

第3四半期検討会は、決算事前検討を行う場です。この段階までくると着地点がかなりの確率で見えてきます。残り3か月で大幅な行動計画の見直しも難しいので、着地点予測と決算対策を中心に行います。加えて、来期に向けた利益確保対策も検討しておきます。これが後日開催する次期利益計画策定会へとつながってきます。

次期利益計画策定会では、まず今期の繰り越し課題と来期の重点課題を明らかにします。その上で目標利益を決め、必要とされる売上高、限界利益率、人件費予算などの年額を検討し、目標損益計算書を作成します。数字が固まったら目標達成のための行動計画を立て、最終的に勘定科目ごとの年間予算を月別に展開し、完了となります。

また、中期経営計画を策定しているのであれば、それを次期利益計画へと落とし込んでいくこともできます。

次期利益計画は、社長と会計事務所に加え、現場の幹部社員も出席させてトップダウンとボトムアップの双方向から計画を立案するといいでしょう。現場の声を反映させることで行動計画の実行性を高められますし、社長の方針を組織内に周知徹底させることができます。

最後の第4四半期検討会は決算報告会になります。決算日以後2か月以内に実施し、決算内容を確認して1年のサイクルが終了します。

ここまでお読みになって、ともすればかなり手間がかかるとの印象をもった社長さんもいるかもしれません。ところが実際は、各検討会の所要時間はだいたい1~2時間程度です。私たち税理士が全面的にバックアップするので、気軽に相談していただきたいと思います。

この四半期業績検討会は、中小企業が黒字という目的地に向かうための羅針盤ともいえます。自社の進路が予算という航路図どおりに進んでいるかを確認しながら、適時必要とされる舵取りをしていきます。これはキャプテンである社長の責務です。

四半期業績検討会の内容

●第１期首から四半期業績検討会（開催：３か月経過後）

①３か月目までの実績をベースに、予算実績差異分析と期末までの業績予測（９か月）を行う。
②行動計画にある各施策がやりきれているかを確認。
③①を踏まえ、今後の目標達成のための行動計画の修正を検討する。

●第２四半期業績検討会（開催：６か月経過後）

①予算実績差異分析と期末までの業績予測（６か月）を行い、今後の目標達成のための行動計画の修正を検討。
②納税予測・決算対策（節税・利益確保）を検討する。

●中期経営計画策定会（開催：７～９か月目）

第２四半期業績検討会の内容を受けて、中期経営計画を策定する。

●第３四半期業績検討会〈決算事前検討会〉（開催：９か月経過後）

①期末までの業績予測、行動計画の修正を検討する。
②今期業績の着地点を予測し、来期に向けた具体的な利益確保策を検討。
③次期方針の検討。

●次期利益計画策定会（開催：決算事前対策終了後）

①次期方針に沿って利益計画を策定する。
②中期経営計画が策定されている場合は、それを次期利益計画に落とし込む。

●第４四半期業績検討会〈決算報告会〉（開催：決算月の２か月後）

決算内容を最終確認する。

2 経営計画はなぜ必要なのか

この低成長期、社長はいま何をすべきですか

中小企業にとって厳しい経営環境が続いていますが、社長さんの中には、自社の業績が芳しくない原因を昨今の経済状況等の外部要因のせいにしている方がいます。日本経済はかつてのように右肩上がりの状況にないことが分かっているにもかかわらずです。

極論ですが右肩上がりの経済成長期であれば誰が経営をしてもそこそこの利益はあげられたのです。売上至上主義といわれるように、売上げが確保できる仕事さえあれば、一定の利益は確保できた。売上げには必ず会社が存続、発展するための利益が自動的に付いてきたからです。

ところが現在ではそうはいきません。売上高の確保はできているが価格競争が激しく、いくら仕事をしても利益が出ないという話をよく聞きます。社長は業績があがらない原因を外部環境や社内体制のせいにして、日々悶々と過ごしているのではないでしょうか。

考えていただきたいことは、あなたの会社がいくらがんばったところで、外部環境を変えられるわけではないということです。外部環境を変えるのではなく、自社を環境に適合させていくことのほうが大切だと思うのです。また利益が出ないのは、社内体制が悪いからだと考えて、社長自ら徹底した管理を行うことに没頭してしまってはいませんか？　事業の経営とは社員を管理することではなく、顧客を創造することです。

顧客は社内ではなく社外にいるのですから、社員を管理しても顧客を創造することはできません。社長の仕事は言うまでもなく経営です。**いま社長は何をすべきでしょうか。それはいままでの自分のやり方のどこが良くてどこが悪いのかを把握することです。それを発見する最良の方法が経営計画の策定であり、これを自分で行うことこそ、最も大事な社長の仕事なのです。**

先のことは本当に分からない？

経営計画というと「計画を立てろと言ったって先のことは分からない」「計画なんか作ったってどうせそのとおりいかないから無駄だよ」などと言う中小企業の社長さんがいます。この方たちはおそらく本気で経営計画を作成したことがないか、もしくは経営計画の本質的な目的を理解されていないのではないかと思います。

先のことは本当に分からないのでしょうか？　答えは「ＮＯ」です。たとえば向こう1年間のおおよその固定費などは正確ではないにしろ、ある程度は予測できるはずです。おおよその固定費が分かればこれに目標とする利益をプラスすれば、売上げによって稼ぎ出さなくてはならない利益（限界利益）が分かります。稼ぎ出さなければならない利益が分かれば、それを自社の売上げに対する儲けの割合（限界利益率）で除してあげれば、来年1年間であがる売上高は分からなくても、あげなければならない売上高は分かるのです。この数値をどうやって実行していくかを考えることが計画なのです。

計画と実績の差異は改善すべき「宝の山」

変化の激しい時代です。社長は自社の現状をいち早くつかみ、どこが良くてどこに問題があるかを発見し、問題点の改善策や将来に向けての打ち手を考え、できるだけ早くそれらを行動に移すことが重要です。自社の現状がどうであるかを正しくつかむためには、それを測るモノサシが必要です。

多くの場合、それは「過去」というモノサシであったり、「同業者」というモノサシであったりするのですが、このような経済情勢の変化が激しい時代では、「過去」そのものが異常である場合が多く、「同業者」といっても経営の多角化が進んでいる現在では、本当の意味での同規模同業種の中小企業など存在しないのではないでしょうか。**今の自社の状況を測るためのいちばん正確なモノサシ、それは社長が自ら作った自社の経営計画なのです。**

計画と実績を比べてみれば当然、差異が生じます。実はそこが自社における問題点であり、改善すべき「宝の山」なのです。

経営計画はこの「宝の山」を発見するために作るのです。計画を作り、そのとおりにいけばもちろん素晴らしいことですが、現実はなかなかそうはいかないのも事実です。しかし、計画はそのとおりにいかないから無駄なのではありません。そのとおりにいかないから役に立つのです。

経営計画は社長自ら作らなければならない

経営理念に基づき、会社が最終的に確保しなければならない利益を目標とし、それを得るための施策を決定し、行動していくことが経営です。これを明文化し、体系化したものが経営計画です。ですから経営計画は社長自らが作らなければならないのです。絶対に人任せにしてはいけません。数字に強い、数字に弱いといった問題ではありません。自分で計算するのが嫌ならば、会計専門家に相談して手伝ってもらってもよいのですが、計画の骨子を作成することだけはくれぐれも人任せにしないことです。

経営コンサルタントの第一人者といわれた一倉定氏は、「社長は会社の最高責任者である。その社長が、わが社の未来を決める最高方針の樹立と目標の設定を、自らの責任と意志において、自らの手によって、作り上げることこそ本当である。その重要な仕事を、他の人にやらせるということは、あきらかに社長の重大な責任回避である。忙しいからという理由こそがおかしい。最高方針の樹立以外の大切な仕事がほかにあるわけがない。たしかに社長は忙しい。忙しいからこそ、重要な仕事から取り組み、重要度の低い仕事はできなくても仕方がないのだ。だから、いくら忙しくとも、最重要な仕事ができないということこそ、おかしいのである。**経営計画を作るために時間を取られて、ほかの仕事ができなかったというなら話はわかる。しかし忙しいから経営計画を自ら立てる時間がないというほど、おかしなことはないのである**」と言われています。

「目標なくして計画なし、計画なくして行動なし、行動なくして結果なし、結果なくして反省なし、そして反省がなければ新しい目標は生まれない」のです。まずは会社の将来に対して社長自身が前向きな思考を持ち、その考え方を数値という「共通の言語」で表し、社員とともに共通の目標に向かって前進することを明確に表明することが重要なのです。

「目標」なくして「計画」なし

いろいろな社長と話をしていて、ふと感じることがあります。特に経営計画策定の支援にお伺いするたびに思うのですが、「あなたの会社をどうしたいのか？」という問いに対する答えをはっきり言える社長が非常に少ないということです。確かに景気の低迷によって元気がないことは分かるのですが、そうした状況においても「こうなりたい」という目標が明確な会社が存在していることを忘れてはいけません。

前述したように、「目標」のない会社は、当然のことながら「計画」を立てようとはしません。「計画」がなければ「行動」しない。「行動」しないから「結果」が出ない。「結果」がないから「反省」がない。「反省」がないから「新たな目標」が出てこない。結局は何のために経営をしているのか分からない。ただひたすら景気の回復を願い、政治を批判し、すべてを他人のせいにして自分では何もしようとしない。これでは経営が良くなるわけがありません。

①「目標」がなければ作ればいい

あなたの会社は「これから先どうしたいのですか？」「何をするのですか？」という問いに対して何と答えますか。答えられなければ考えてください。もし何も答えが出てこないなら会社経営をやめるべきです。絶対にうまくいきません。明確な「経営目標」を設定できることが勝ち残るために最も必要な条件なのです。その経営目標が「利益」なのか「会社の規模」なのか「社会に対する貢献」なのかは会社によって異なると思いますが、少なくとも社員や外部の人間に明確に言える目的を考えるべきだと思います。これがなくてはスタートが切れません。

②目標設定の仕方

目標を立てるにあたって、会社（事業）は社会性の上に成り立っていますから少なくとも社長の個人的な目標（たとえば家族や自分が良い生活をするため）であってはならないことは言うまでもありませんが、次の判断基準から徹底的に評価する必要があります。

- **自社の事業目的に照らして首尾一貫性（コンシステンシー）があること。**
  その目標は自社の事業目的に本当に役立つのか？
  ↓この首尾一貫性が「独自性」を生みます。
- **自社の事業目的に照らして顧客への貢献（コントリビューション）となること。**

お客様のために、どこまで効果（顧客にとっての価値）を最大化できるか？
↓この努力の継続が「イノベーション」（経営革新）を生みます。

●自社の事業目的に照らして採算性（プロフィッタビリティ）があること。

中長期の視点から、その費用等の負担に耐えられるか？
↓この採算性の吟味が経営戦略の「選択と集中」を生みます。

③目標を全社に落とし込む

社長が十分考え、評価した目標は経営の生命線です。これをオープンにして全社一丸となって向かっていく仕組みを考えてください。目標を実行するための「戦略会議」「組織作り」、そして「計画策定」の場などを意識的に社内に設け、意思統一を図っていきます。

それは従業員が家族だけの会社でも同様です。経営目標の発表等は、場合によっては、銀行や取引先にも参加してもらいます。

会社の目標は社長が決めるべきですが、社長一人が旗を振ってもあまり大きな効果は期待できません。あなたの会社の関係者全員に周知し、全社に落とし込む工夫が必要です。ぜひ実際に実行に移してみてください。必ず大きな成果が現れるはずです。

経営理念は事業発展の道しるべ

経営計画の策定において経営理念は不可欠です。経営計画とは、「ビジョン」や「戦略」「数値計画」などによって、理念が示している方向性を具体化するものだからです。

では経営理念とは何でしょうか。それは企業の存在意義の明文化、かみ砕いて言えば社長の事業にかけた思いを文章にしたものといえます。

〝思い〟は形にしなければ他人に伝わりません。伝わらなければ、社員は理念というよりどころがないため、それぞれ勝手な判断で行動してしまいます。これでは強い会社をつくることは不可能です。

そんな、いわば会社の精神的支柱である経営理念ですが、どうも誤ったイメージを持つ社長が少なくないようです。以下、よくある誤解を３つ挙げ、それを反証しつつ、経営理念の正しい捉え方を考えていきます。

誤解1　理念は不変であるべき

経営理念とは社長の思いを文章にしたものだから、その思いが変化すれば、当然、理念も変わっていくことになります。

私の税理士法人では十数年にわたってお客様である関与先企業へ経営計画策定支援を行ってきました。その際、関与先の社長や会長に対し、必ず「御社の経営理念は何ですか？何のために事業を行っているのですか？」と聞いていますが、初めは明確に答えられる社長が非常に少なかったことを覚えています。創業間もない社長で「家族を食わせるため」と語るケースもありました。

これは非常に正直な答えだと思います。私自身、開業当初は生活するのがやっとで、まさに「食っていくこと」が経営の目的でした。これはこれでひとつの理念と言えなくもありません。

とはいえ、食うためだけでは事業はいずれ行き詰まります。手痛い失敗をすることもあるでしょう。そしてそのつど「何のために事業を行うのか」と本質を問い直すことになります。この作業の繰り返しによって、理念も自己中心的なものから社会性を持ったものへと深化していきます。

言い換えれば、社長とともに理念も成長するわけです。経験上、理念がしっかりと確立するのに、創業から10年くらいはかかるようです。

誤解２　立派なものであるべき

「うちにはそんな立派な理念はありません」というのも、よく中小企業の社長から聞かれるフレーズです。

しかし、経営理念は創業者が苦心の末に辿り着く生き方・哲学。社長の心のうちから生まれるものですから、そもそも立派かどうかを誰かに評価してもらうようなものではないし、ことさらに文学的な表現や示唆に富んだ語句で飾り立てるものでもありません。理念づくりで大切なのは、社長の

中小企業の経営理念

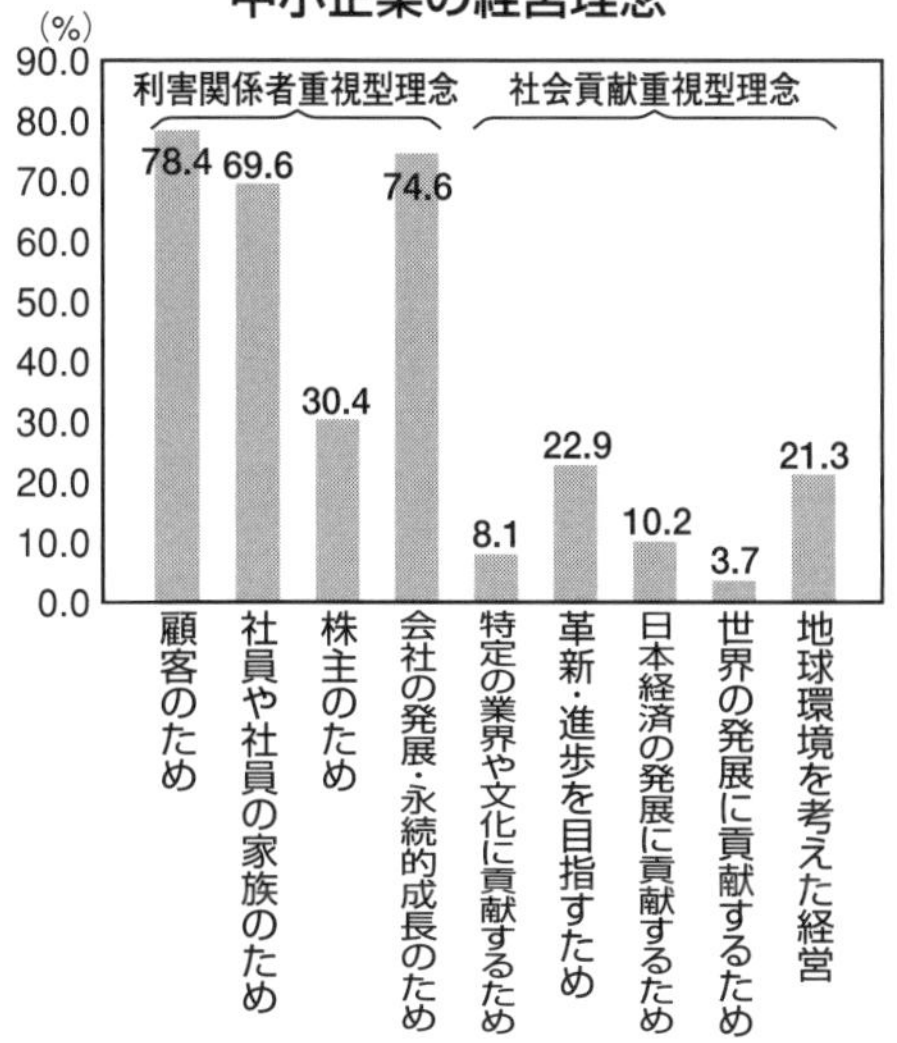

（注）複数回答のため、合計は100を超える。
（出典：中小企業庁「経営戦略に関する実態調査」（2002年11月））

思いを素直に、真摯に文章にし、それを社長自身が何度も問い直してみることです。

ただし、その経営理念が他者の共感を得られるかどうかは重要です。一般的に普遍的な理念ほど多くの人に受け入れられます。前頁のグラフは過去に行われた中小企業庁による聞き取り調査の結果です。中小企業において経営理念はまだまだ社会貢献重視型よりも利害関係者重視型が割合として多いようです。

誤解3　理念では飯が食えない

確かに理念の存在が直接利益につながるとは言えません。ただ一方で、理念を持たず、ひたすら「儲け至上主義」に徹している会社は、一時的に繁栄したとしても決して長続きすることがないのも事実です。

経営理念とは利益をあげるための手段ではなく、社会と共存していくための基本姿勢を表したものです。だから多くの優れた企業は経営理念で自社の社会性を強調していますし、それがあることで結果的に会社は存続・発展し続けます。長寿企業の代々の経営者は、創業者や先代がいくつもの苦難を乗り越えながら確信していった「思い」（＝理念）を受け継ぎ、事業を運営してきました。経営理念とは事業発展のための道しるべなのです。

淘汰の時代を生き残るために経営方針を作成する

現在のような経済環境で勝ち残っていくには、自らの経営理念に基づく経営方針を作成し、それをあらゆる戦術を用いて実践し、達成していく以外に方法はないと思います。業績の悪化は、景気のせいではなく、すべて社長の責任です。「いままでも何とかなったからこれからも何とかなるさ」という考えでは、間違いなく生き残ってはいけません。

繰り返しますが、必要なことは、**自らの経営をいま一度考え、明確な目標を設定し（Plan）、それを万難を排し実行する（Do）。そして、達成度を確認（See）し、計数による検討を加え（Check）、それに基づき、当初の目標達成のためにさらに行動を起こしていくこと（Action）につなげる。**このマネジメントサイクルを定着させることなのです。

だからこそいま社長がすべき最も重要なことは経営計画の策定であり、その策定は社長自身で行うことが大切だと述べてきました。それではそのために必要な経営方針書作成の具体的な流れを見ていきましょう。

①経営方針書の作成

経営計画を策定するにあたって、前述の一倉定氏は基本的な経営方針書の内容について、次の3つの要件を挙げています。

イ、自社の将来に関するものであること

経営計画書は会社の将来の見通しや、「こうしなければならない」という前向きな思想を明文化すべきものであって、過去のことに触れる必要はありません。過去は現在の自社の状況を知るための確認項目にすぎません。過去の反省を明文化したところで意味がないからです。

ロ、社長の姿勢を示すものであること

自社の将来に向かっての方針をどうやって達成していくのかという社長自らの姿勢を書くべきです。決して社員の姿勢ではありません。会社の業績は社員の働きで決まるのではなく、社長の姿勢で決まるのだということを再認識しましょう。

ハ、具体的であること

できるだけ具体的に表現します。簡潔に明文化しようとすると、どうしても「販売体制の強化」「生産性の向上」というような抽象的な表現になりがちですが、販売体制の強化なら「販売地域を増やす」とか、「人員を増加する」などと、具体的に書く必要があります。（『一倉定の社長学「経営計画・資金運用」』日本経営合理化協会出版局）。

また、目標設定は、事業活動に必要なすべての活動について設定し、その目標を達成するための方針を明確にしなければなりません。さらにそれらの目標や方針は個々に立てられるのではなく、あくまでもお互いが因果関係を持ったバランスを保っていなければなりません。その意味では、企業のさまざまな課題を整理して優先順位をつけることが可能になるとともに、統一的な観点から因果関係を持たせながら論点整理をすることができるバランス・スコアカードの「戦略マップ」（次頁）を活用することが有効だと思います。

②経営計画は社員のやる気を喚起する

経営計画を立てることによって得られる効果として社員への動機付けがあります。人間は目標があると、それに向かって努力するという不思議な動物であるとよく言われます。この特性を経営に生かさない手はありません。社員は生きる意欲のある限り、自分とその家族の生活向上を望んで働くのです。その働きがいは、会社の発展にかかっています。自

戦略マップの一例：A社（水産加工業）

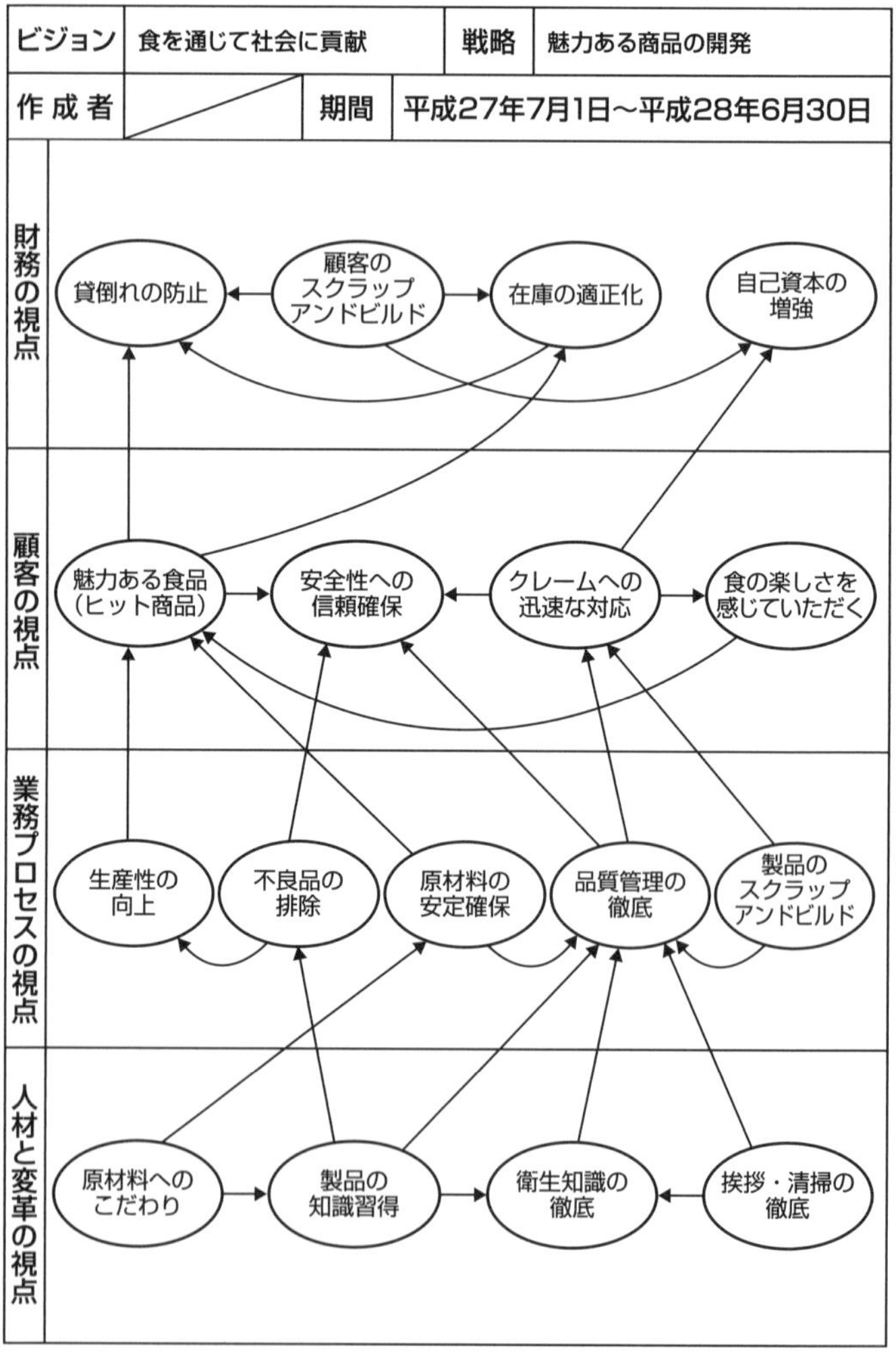

（出典：『社長の仕事』（TKC出版）を一部加工）

分の働いている会社が発展しなくてもよいなどという社員はいません。明確な経営理念を掲げ、自社の将来目指す方向（目標）を示し、それに向かってどう取り組んでいくのか（戦略）を具体的に社員に宣言し、その協力を求めるのです。「会社を発展させるために自分たちは何をしたらいいのか」という命題に答えを与えることこそ、社員を奮起させる王道ではないでしょうか。

そのときに**大切なことは、経営方針の明文化**です。社長の意図を誤りなく社員に伝えるためには口で言っただけではダメです。口頭での伝達は、伝える側もその時々で表現が異なり、受け取る側もその時の状況次第で理解が異なってしまうため、首尾一貫性に欠けることになります。

ですから社長の意思を正しく伝達するには、必ず文書で行わなければなりません。経営方針を明文化し、「経営計画発表会」を開催し、内外に宣言することが大切なのです。

目標利益を明確にする

計画の中でも最低限必要になるのは利益計画です。決算2か月前には来期の方針を立て、それを数値的に表現し、利益計画を策定します。

利益計画のポイントは、目標利益をいくらにするかというところです。売上げをいくらにするかとか、変動費、固定費をいくらにするかは、目標利益を達成するためのプロセスなのです。

会社が生きていくためには、人間と同じように最低限必要なエネルギーがあります。これが必要利益です。会社の大きさや、体質により会社ごとに違いがあります。この必要利益に、将来の戦略予備費積立額や税金・配当資金等を加えたものが目標利益です。

目標利益の設定は、社長の最重要決定事項なのです。これをどのように達成していくかが、利益計画なのです。これを立てずに結果だけを見て、利益があがったとか、赤字だったとかで終わっている経営を、「ドンブリ経営」「行き当たりばったり経営」といいます。

あなたの会社の目標利益は?

経営の目標は利益の追求にあり、その目的は獲得した利益をいかに使うかにあります。しかし、そのためには目印として、いくらの利益を獲得するかが必要となってきます。これを**必要目標利益**といいます。

経営目的が不明確で利益の出ない会社は、継続が不可能であることは言うまでもありません。経営を維持し、継続していくためには、最低限獲得しなければならない利益の金額があります。さらに拡大発展するためには、その最低必要利益の額に将来に向けての利益の額をプラスした金額の利益の獲得が必要になります。それが会社の「目標利益額」なのです。この目標利益を達成するための計画こそ「利益計画」「経営計画」なのです。

利益計画の作成プロセス

会社を存続させるには、次のように考えなければなりません。

①まず、最低目標利益を知る。
←
②次に、将来のための利益額をそれにプラスし、今期の目標利益額を設定する。
←
③その目標に合う手段としての売上げ・粗利（限界利益）・固定費（内、人件費は……）

と計画を立て、戦略を練っていく。

それでも目標利益が出ない場合は、

・毎月の返済を少なくし、借入金の返済期限を延ばす。

・年間積立予定金額を減らす。

などの具体策を講じて、利益でまかなえない資金の調達方法を考えていくほかはありません。

目標利益は変えてはいけない

次のポイントは、**一度計画した目標利益は原則として修正しない**ということです。期中に実績を計画と突き合わせていくと、当然ズレが生じます。そこで計画の修正を行っていくわけですが、よくありがちなのが、その時に当初の目標利益をも修正してしまうことです。これでは、何のために目標利益を設定したのかが分かりません。当初の計画が根本から崩れてしまいますので、よほどのこと（たとえば大震災など）がない限り修正してはいけません。計画の修正を行うとすれば、売上高や変動費、固定費をどう修正し、目標利益を確保するかを考えるために行うのです。その場こそ前述した四半期ごとの業績検討会なのです。

「変動損益計算書」で必要利益が把握できる

自社の必要利益の把握に不可欠な帳表が「変動損益計算書」です。これは、経費を変動費と固定費の2つに分類したもので、自分の会社の体質を読みとることができます。自社の変動費の売上げに占める割合（変動比率）が何%で、年間固定費がいくらかかるのかが分かっていれば、売上高と利益の関係はすぐに捉えることが可能です。

変動費とは、売上高や生産高といった操業度の増減に比例して増減する費用のことで、具体的には商品仕入高、材料費、外注費などを指します。一方、固定費とは操業度の増減にかかわらず、総額が変わらない費用のことです。固定費は「人件費」と「その他固定費」に分けられ、その他固定費は地代家賃、旅費交通費などです。

では、この「変動損益計算書」は「損益計算書」といったいどこが違うのでしょうか。

次頁に通常の損益計算書と、これを組み替えた変動損益計算書を掲載します。

仮に今、売上高が1000万円増えたとすれば、経常利益はどうなるでしょうか。通常の損益計算書では、まず経常利益率（5771万1000円÷7億6138万円＝7.6％）を求めます。この結果、経常利益は売上高の7.6％（76万円）増えて、「5847万1000円」となります。

しかし、この答えは誤りです。経常利益はもっと増えるのです。

今度は変動損益計算書の考え方に従って、同じ問題を計算してみます。まず原価利益率（3億2837万7000円÷7億6138万円）を求めると、43・13％となります。変動費率は「100％－43・13％＝56・87％」。したがって、「売上高1000万円－変動費568万7000円＝限界利益431万3000円」となり、固定費は「期間費用」で変わらないため、経常利益は限界利益（431万3000円）分だけ増えて6202万4000円となります。これが正解です。この考え方が業績管理の基本です。

私の税理士法人のお客様に使っていただいている会計システムは、この変動損益計算書の考え方に基づいて作られている点が大きな特徴です。

正　誤　表

下記の事項を訂正してご使用頂きますようお願いいたします。

P76　7～8 行目

誤　原価利益率

正　限界利益率

「変動損益計算書」の考え方

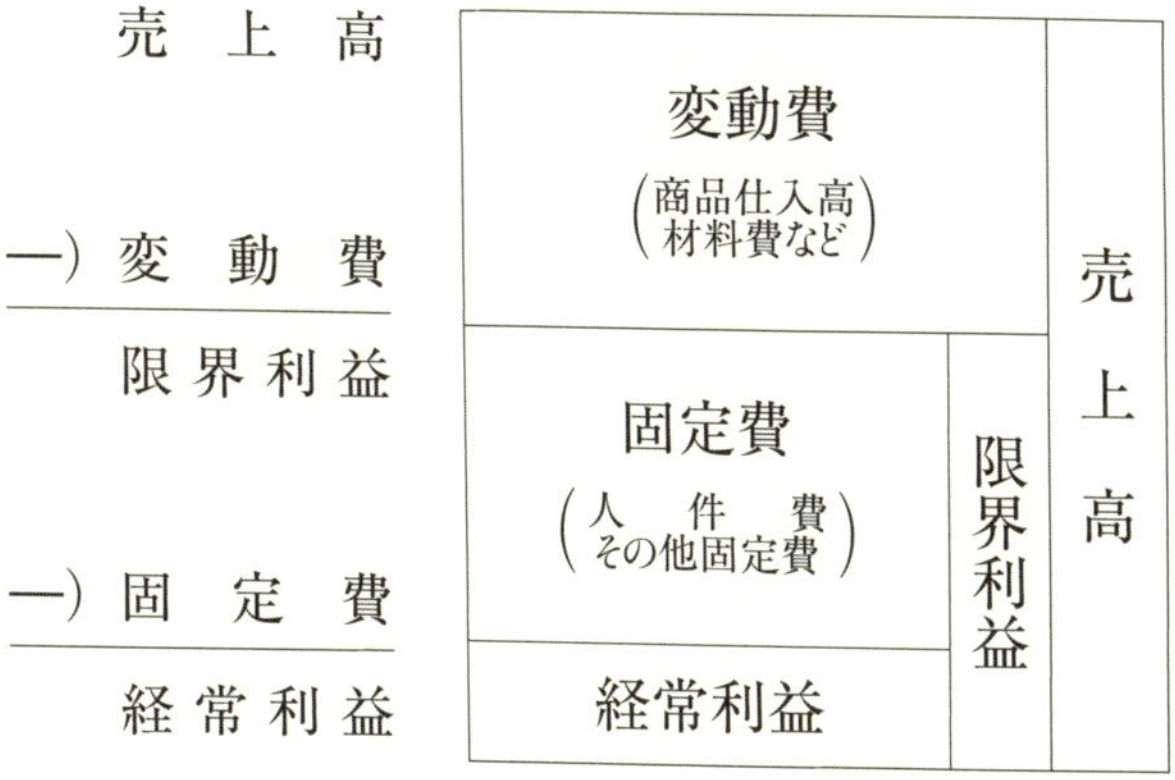

売上高
一）変動費
限界利益
一）固定費
経常利益
変動費
（商品仕入高
材料費など）
固定費
（人件費
その他固定費）
経常利益
限界利益
売上高

「損益計算書」と「変動損益計算書」の違い

会社法・税法が定める「損益計算書」

「変動損益計算書」

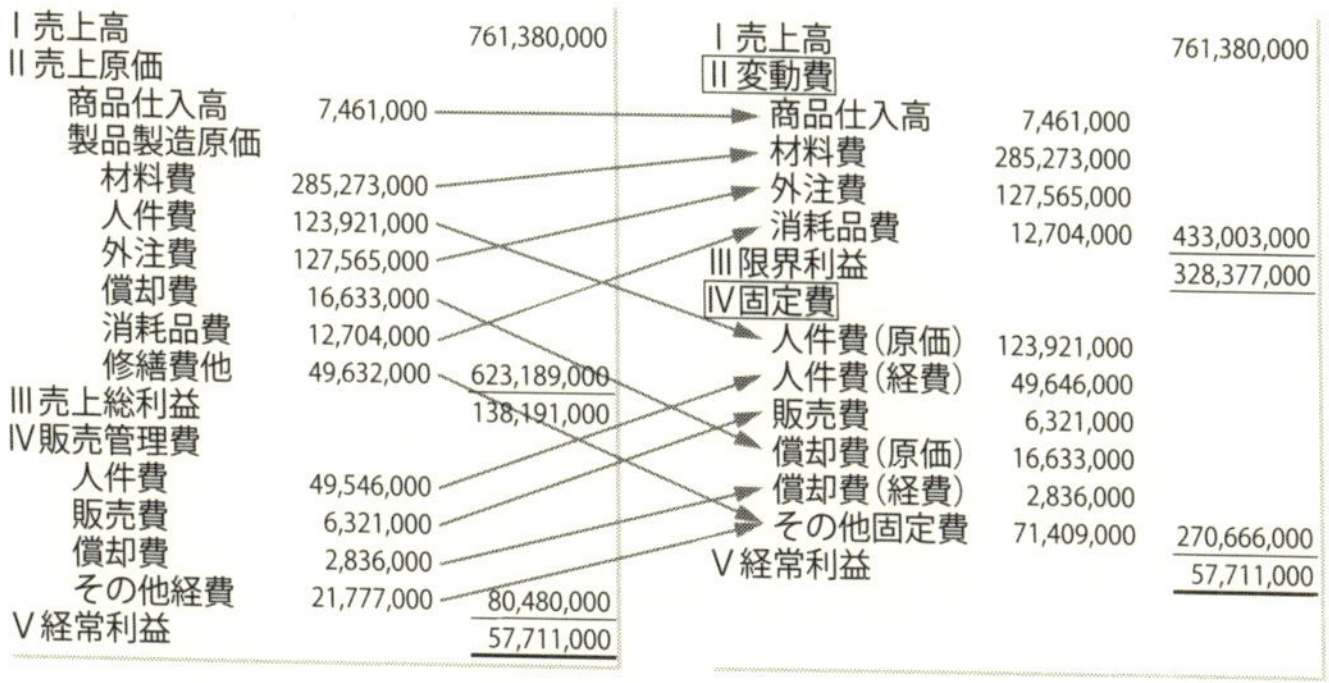

Ⅰ売上高 761,380,000
Ⅱ売上原価
商品仕入高 7,461,000
製品製造原価
材料費 285,273,000
人件費 123,921,000
外注費 127,565,000
償却費 16,633,000
消耗品費 12,704,000
修繕費他 49,632,000 623,189,000
Ⅲ売上総利益 138,191,000
Ⅳ販売管理費
人件費 49,546,000
販売費 6,321,000
償却費 2,836,000
その他経費 21,777,000 80,480,000
Ⅴ経常利益 57,711,000
Ⅰ売上高 761,380,000
Ⅱ変動費
商品仕入高 7,461,000
材料費 285,273,000
外注費 127,565,000
消耗品費 12,704,000 433,003,000
Ⅲ限界利益 328,377,000
Ⅳ固定費
人件費（原価） 123,921,000
人件費（経費） 49,646,000
販売費 6,321,000
償却費（原価） 16,633,000
償却費（経費） 2,836,000
その他固定費 71,409,000 270,666,000
Ⅴ経常利益 57,711,000

計画倒れに終わってしまわないために

そうはいっても、計画倒れに終わってしまう場合も出てきます。私の経験では、その理由として経営計画を社長自身が本気になって作っていないケースが見受けられます。「どうせ、計画どおりにいかないからこれくらいでいいや」などと思って作っても、何の意味もありません。

序章でも述べましたが、中小企業はイコール社長です。社長が変われば会社は変わります。ですから経営計画書にはトップの魂が入っていなければなりません。社長が本心から実行する気のない計画を、社員が実行するはずがないからです。

また、経営計画が計画倒れに終わってしまうもう一つの理由は、経営計画の運用とチェックのシステムが働いていないことが挙げられます。これを補完するものが本章の冒頭に述べた四半期業績検討会です。

現状の良し悪しを認識すること

経営計画を作った時点の情勢判断と、現在とどう異なってきたか、当初の計画のどこが良くて、どこが間違っていたのかという厳格な点検が、社長には不可欠です。人間はとかく、自己合理化しやすいので最初の計画を修正したくなるものですが、そうではなくて、実績のほうを修正するのです。

ここでいう実績とは、過去の実績ではありません。**これから先の実績を作る行動を変えていく**ということです。いかにこれからの努力で当初の計画に近づけていくかを具体的に考え、行動するために手を打つのです。計画と実績とのズレを真剣に受けとめ、そのズレを埋める努力が大事です。

ちなみに私の税理士法人ではスタッフ各人が立てた当初の行動計画を四半期ごとに再度読みあげてもらい、さらなる行動を促すようにしています。実績が計画と乖離したときは、各人にさらに行動計画を考えさせます。一般的に実績と計画の乖離を発見すると、「なぜできなかったのか」と問い詰めたり、その原因分析だけで時間を費やしてしまうことがあります。それも大事ですが、**たとえ計画数値に届かなくともこれからどう行動するのかを新たに練り直すほうがより効率的です。計画を変えるのではなく行動を変えるのです。**

中期経営計画は短期経営計画とは性格が違う

経営計画はその計画する期間によって、「長期経営計画」（10年程度）、「中長期経営計画」（3〜5年）、「短期経営計画」（1年）の3つに分類することができます。

短期経営計画はいわゆる「今日の行動」の基準となる指針であり、業績検討会で計画と実績の差を読むことによって、日々の行動を再点検し、必要に応じて新たな行動を計画することが、その策定目的です。指針を変更してしまったら、その差異をつかむことができなくなり、次の行動につながらなくなってしまいます。

それに対して、中期経営計画（経営改善計画）は、「自社の将来」に関することであって、そこに実績はありません。あるのは**「将来に関する現在の決定」**なのです。決定の当否を絶えず練り直し、必要な変更を行ってこそ、将来の方向を誤りなく示すことができるものなので、前向きに変更しなければならないという性格を持っています。ですから毎年策定する必要があります。

特に経営改善を行う場合、打ち手の効果は、短期的に測定しても微々たるものです。一定期間で見れば少しずつ、しかし確実に効果が出てくることがあります。

実際に、毎期赤字続きで社長さんが途方に暮れていた会社が将来のビジョンを5か年計画で立ててみたところ、計画どおりに実行すればその効果が3年後から現れることが明確になったというケースがありました。社長さんのやる気に火が付き、前向きに経営するようになったのです。

このような効果もあるので金融機関からの要請の有無にかかわらず、中期経営計画を策定することには大きな意味があります。

中期経営計画と短期経営計画の相違点

	比較項目	中期経営計画	短期経営計画
1	計画の目的	目標を明示して、いま何をなすべきかを明らかにする。	年度ごとの実行計画を策定する。
2	計画の水準	経営戦略	経営戦術
3	主な領域	経営方針、経営戦略	実行計画、予算編成
4	策定方法	トップダウン方式	トップダウン方式とボトムアップ方式の併用
5	計画の緻密性	ラフな計画も可である。	詳細に計画する。
6	計画期間	3～5年が多い。	原則として1年
7	主要なテーマ	マーケティング、商品開発、人事・組織化、能力開発、設備投資 等	売上高・限界利益計画、固定費計画、部門別・セールスマン別販売計画、在庫計画、回収計画 等
8	主な効果	望ましい組織風土の形成 幹部社員のOJT 経営者の精神安定剤	各部門・担当者の行動目標の決定 経営予算の策定

（出典：落合孝信・飯塚真玄著『中小企業の発展は戦略的な中期経営計画だ！』
（産能大学出版部））

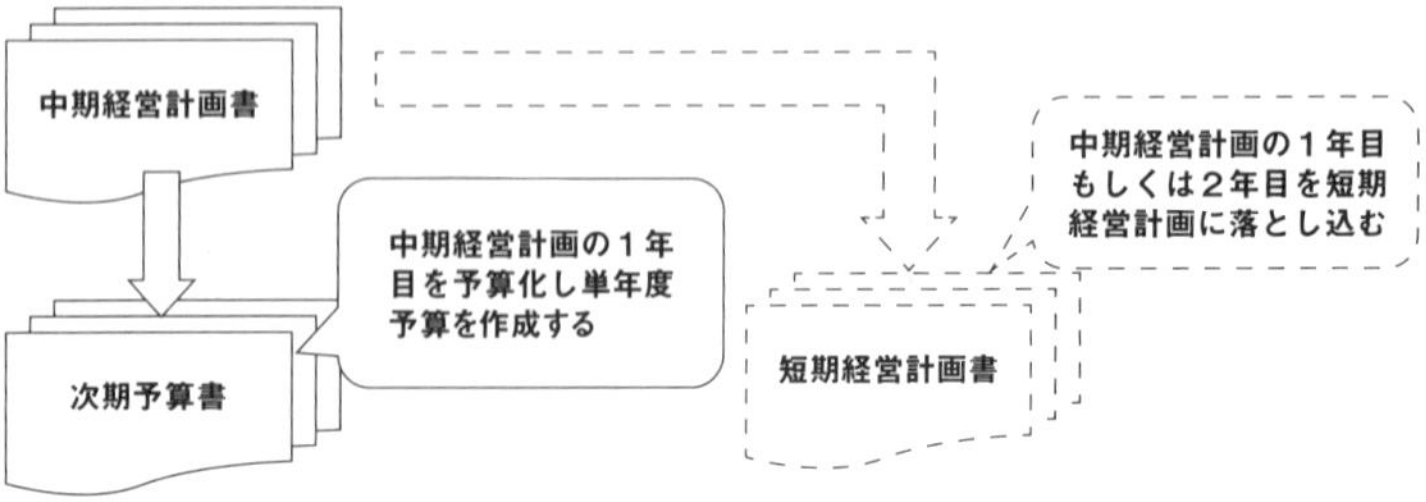

3 キャッシュ・フロー経営とは

資金があれば赤字でも倒産しない

会社はいくら利益を出していたとしても、資金が不足すれば、倒産します。いわゆる黒字倒産といわれるものですが、それは会社の稼ぎだした利益の金額が会社を維持、継続するために必要な資金よりも少ないことが原因です。逆に赤字会社でも資金さえ不足しなければ、原理的には会社は存続していきます（実際には資金不足となり、いずれは倒産しますが……）。

実はこの資金の調達方法には、次の３つしかありません。

①お金を借りる。

②増資する。

③利益をあげる

①と②は「いつでも」可能なことではありません。しかし③は、社長の努力で、毎期実行できるものであり、それができなければ、当然資金不足に陥ります。

必要資金を生み出す利益額を計算しよう

目標利益については前節でも述べましたが、あなたの会社はどれだけの資金を利益として生み出す必要があるのでしょうか。それはおおよそ次の算式で計算できます。

算式｛(1)＋(2)－(3)｝÷67・89%（実効税率32・11%として）

(1) 年間返済借入金元金合計額

(2) 年間積立金（定期・定積・保険積立金など）予定額

(3) 年間減価償却費計上額

つまり、借金の返済や各種積立金の原資は利益ですから、これが最低限の年間必要資金となるわけです。減価償却費分は資金を伴わない経費ですからマイナスし、税金は現金支払いですから、その分を資金に上乗せするわけです。

これは、会社にとって絶対的に必要な資金捻出のための利益です。この利益が獲得できないとすれば、借入金は毎期増え（毎期借りられればよいのですが）、預金は減少し、仕入先への支払いは滞り、社長の個人財産を会社へ持ち出すことになってしまいます。

キャッシュ・フロー経営は中小企業にこそ有効

「キャッシュ・フロー」という言葉は、決して新しいものではありませんが、時代が注目している指標であることは間違いありません。

ひと時代前は企業は利益をあげれば、その成果としてキャッシュは必ずついてきました。また、利益が計上されていれば良い企業と見られてきました。

というのも、金融機関は担保さえあれば、含み益によるキャッシュをあてに融資を実行してきたからです。しかし右肩上がりの経済に支えられ、名目だけで判断してきた日本企業に対して金融機関は、バブル崩壊後、実体による判断を迫るようになりました。

いくら売っても、代金が回収できなければ何もならない、いくら担保があっても返済されなければ何もならない。当たり前のことですが、いまあらためて経営の本質が問われようとしています。儲けたなら、儲けた成果としてキャッシュが残るはずであり、名目としての「利益」と実際のキャッシュを直結するように近づけていく経営こそ「キャッシュ・フロー経営」の本質だと京セラ創業者の稲盛和夫氏は言っています。

「キャッシュ・フロー経営」と聞くと、難しそうだと考える方もいると思いますが、キャッシュは単なる「お金」のことで、フローは「一定期間の増減」のことです。つまり、1年間の収支計算のことです。これを表したのが「キャッシュ・フロー計算書」といわれるもので、大企業にはその作成が義務付けられています。

この「キャッシュ・フロー計算書」では、企業におけるキャッシュ・フローを、その活動内容により次の3つに分類して表示し、判断しようとしています。

①営業活動によるキャッシュ・フロー

↓本業でいくらキャッシュを生み出したか。

②投資活動によるキャッシュ・フロー

↓株や固定資産にいくら投資し、回収したか。

③財務活動によるキャッシュ・フロー

↓①と②を支えるため借入金や資本政策でいくら調達し、または返済に回せたか。

キャッシュ・フロー経営は、大企業だけが必要なのではありません。中小企業だからこそ、自社の実体としてのお金の動きを、カモフラージュなしに捉え、経営上の資金をいかに生み出すかを考える資料として必要なものだと私は考えます。

いわゆる「勘定あって銭足らず」では、経営はできないのです。

損益計算とキャッシュ・フローの違い

同じように一定期間の増減を表したものに「損益計算書」があります。これは「収益」と「費用」から「利益」（名目）をフロー計算したものですが、「収入」と「支出」を表したものではありません。

たとえば、損益計算上、売上高は「収益」ですが、イコール収入ではありません。「収入」は当期における売掛金の現金等による回収高と当期における現金売上高になります。

また、在庫の増加分は、損益計算書上、「費用」のマイナス項目ですが、キャッシュ・フロー上は「支出」となります。

さらに「減価償却費」は、損益計算上、「費用」となりますが、「支出」ではありません。このように、収益と収入・費用と支出にはズレがあり、その結果、損益計算とキャッシュ・フローとが一致しないことになります。

在庫は売れなければおしまい。売掛金も回収できなければパー、設備投資はしたけれど返済できなければアウトになります。厳しく業績を見るなら本来の収入と支出で考えてみることも必要だということが、キャッシュ・フローの動きで分かります。

キャッシュ・フロー経営の具体的な取組み方

具体的にどのようにキャッシュ・フロー経営を取り入れていくか見ていきましょう。

①会社の危機は倉庫に潜む

商品(材料)を仕入れたからといって、全額が損益計算上の「費用」となるわけではありません。売れ残ったものは在庫として、仕入高から控除され、資産として計上されます。

しかし、収支計算でいけば、仕入れたものは全額が「支出」となります。儲かっているのに金がないという会社の最大の原因はここにあるのです。一般的に「これが売れれば、いくら儲かる」「この商品は利益率が高いから儲かる」と考えて商品を仕入れます。確かに付加価値の高い商品であればいずれ利益は稼げるでしょう。

しかし、問題は仕入れすぎていないかどうかです。当たり前ですが、仕入れすぎると手もとのお金がなくなります。在庫になっても翌期に確実に売れればいいですが、ものによっては売れないかもしれません。その場合には、当然翌期にお金は入りません。このリスクをきちんと読むことが肝心です。商品在庫のリスクを考えれば「売れる保証のないもの」は、いくら利益率が高くても仕入れてはいけないのです。

在庫も「カネを生んでこそ」の資産なのです。こうした過剰在庫が原因で業績が悪化した企業は数多くあります。

②売るだけではなく回収まで考えよ

現金売りだろうが、掛売りだろうが、売上高は収益として計上されます。しかし、掛売りについては、収入＝キャッシュという図式にはなりません。商品は仕入れてから在庫となり、販売され、代金が回収されて初めてキャッシュになります。

決算書を見て、①（売掛金＋受取手形＋在庫）を売上高で除し、３６５日を乗じてください。何日かかっていますか。また②（支払手形＋買掛金）を売上高で除し、３６５日を乗じたものを①から控除してください。これに売上高を乗じれば、必要な運転資金はいくらかが分かります。この数字が大きければ、より多くの運転資金を生み出さなければならないし、少なければ、資金繰りも楽になります。

すなわち、**売掛金はできるだけ早く回収し、買掛金の支払いは、極力先に延ばすこと。在庫は極力置かないことがキャッシュ・フロー経営の原則**なのです。しかしながら、ときには得意先の売掛金の回収が遅れ気味になったり、得意先が倒産し、売掛金が貸倒れとなったりと、せっかくの売上げがキャッシュにならずに消えていく可能性もあります。こうした場合、債権の年数調べや問題債権の洗い直し、個別対応、回収条件の見直し等をすべきです。特に新しい得意先については、信用調査をして回収条件についても早期回収を意図した条件提示をする等の工夫を常に意識することです。

③早く返済すれば良いわけではない

「あと2年で借金が終わる。もう少しだ、がんばろう！」――。よく聞かれる言葉です。しかし、毎月返済しているつもりでも、決算書を見ると借入金の総額は減っておらず、逆に増えているという場合があります。こうした現象が起こるのはなぜでしょうか。それは返済額に見合うキャッシュが生まれていないからです。

つまり毎月の返済額が多いのです。借りた時は景気も良く、キャッシュが生み出せていた時だったのです。

このような場合は、返済計画の見直しをすべきです。仮に月100万円の返済があと2年だったとします。これをシフトして5年で借り替えたら月の返済額は40万円になり、月々60万円のキャッシュを生み出すことができます。幸い現在は低金利なので、利息の負担はそれほど大きくありません。

また現在、国を挙げて中小企業の資金繰り支援策を打ち出しています。これを活用しない手はありません。

社長自らが金融機関に出向き、「国の行っている支援策の中で、当社に適用できるものはありませんか？　できれば、毎月の返済額を少なくしたいのですが」と切り出してみてください。おそらく地域金融機関は協力に応じてくれるはずです。

ただし、毎月の返済が楽になったからといってタカをくくって、何もしないでいたら必ず倒産してしまいます。というのも、毎月の返済額の減額目的は、経営体質を改善するための資金的余裕を生み出し、改善を行うための時間的な余裕（社長が毎日資金繰りに明け暮れていたら、経営を考える余裕などなくなってしまうからです）を生み出すことにあるからです。

金融機関からの借入返済の見直しについては、後述する「経営革新等支援機関」（認定支援機関）による経営改善支援事業制度が活用できます。これは経営革新等支援機関のサポートを受けながら社長自らが銀行に働きかけ、交渉することが不可欠です。単に損益のみに着目した経営からキャッシュを生み出す経営を意識し、転換していくことが必要だと思います。

④B／Sの資産を見直し、キャッシュを生み出す

自社の財産を見直し、不要なものや縮小できるものを見つけてください。このとき必要なのは勇気と決断です。損失よりも換金にウエイトを置いて判断することが大切です。

まず次の事項を重点的にチェックしてみましょう。

●塩漬けになっている定期預金等はありませんか？　基本的に拘束預金などありません。
●保険積立金勘定はありませんか？　保険はリスクのみ買っておけばいいのです。
●不要な株式等はありませんか？　先の分からない儲けより、今の資金が重要です。換金してスリム化すべきです。
●社長一族に仮払金や貸付金があれば、個人資産を処分してでも返してください。
●長期滞り債権はありませんか？　どんな手を打って回収を図っていますか？　何もしなければ１円にもなりません。
●売掛金の回収サイトを早める工夫をしていますか？　何もしなければ何も変わりません。
●不良在庫はありませんか？　正規価格では売れないので思い切って処分しましょう。

⑤固定費の削減でキャッシュを生み出す

固定費を削減すれば一時的にキャッシュは生まれますが、時間とともにやがて元に戻ってしまうものです。それを防ぎ恒久的に固定費削減によるキャッシュを生み出し続けるには、ルール化と予算化が必要です。

たとえば、固定費で一番大きなものは人件費です。給与規定・賞与規定・残業規定・退職金規定・福利厚生規定・旅費規程・社会保険の加入状況等について見直すべきです。備品購入の規定化や交際費の予算化など、考えればいくらでもあります。行き当たりばったりでは継続的な固定費削減にはつながりません。

ルールがなければ作り、ルールがあればそれを見直していきましょう。

プロの視点

●目標達成を確かなものにするために会計事務所を交えた四半期業績検討会を開催しましょう。
●「変動損益計算書」は自社の必要利益の把握に不可欠な帳表です。ぜひ活用を。
●経営方針は必ず文書化して社員に周知しましょう。
●計画と実績との差を真剣に受けとめ、そのズレの修正を地道に行った会社だけが生き残ります。計画と実績とのズレは発展のための「宝の山」です。
●損益のみに着目した経営から、キャッシュを生み出す経営（キャッシュ・フロー経営）へと転換していくことが求められます。

簿記・会計先覚者の金言2

経営者にとって「変動損益計算書」は死活的に重要である。

飯塚真玄《いいづかまさはる》
Masaharu Iizuka
（株）TKCを世界一の会計センターに育て上げた経営者

簿記・会計に関する金言　『TKC基本講座』より*1

社長の責任は、顧客への貢献を通して、会社の社会的責任を果たすこと。従業員の雇用を守り、税金を払い、自己資本を充実させ、会社の経営基盤を強化することです。

そのために社長にとって最も重要なことは、本日現在の「変動損益計算書」を見ながら、次の5つについて、自問自答し、また経営幹部と真剣に協議して、会社が進むべき方向を意思決定することです。

①売上高を伸ばす努力をしているか？
②限界利益率は、前年よりも改善したか？
③固定費の伸びは、限界利益の伸び以下に抑えたか？
④労働分配率を抑えながら、1人当たりの人件費を高くしたか？
⑤期末までに目標の経常利益は達成できるか？

このような試行を繰り返すことによって、社長と経営幹部に「会計で会社を強くする」という感覚が生まれ、会社をさらに発展させるための気付きとやる気が生まれてくるのである。

*1 飯塚（2014）286頁。

（出典：坂本孝司『会計で会社を強くする　簿記・会計先覚者の金言集・解説〈改訂新版〉』TKC出版）

第3章

決算書の社会的信用力を高めよう

1 真正な決算書は時代の要請

歴史的な税理士法の一部改正

今から13年前の平成14年4月、税理士法の一部を改正する法律が施行されました。この改正は、われわれ税理士にとって、次の4点において大きな改正となりました。

①税理士が裁判所において、裁判所の許可を得ることなしに、弁護士とともに出頭し、陳述できる制度（出廷陳述権）の創設。

②税理士試験の受験資格要件を緩和するとともに、試験科目の免除制度の一部廃止。

③税理士法人制度の創設。

④税理士からの意見聴取制度の拡充。

この中でも特に注目すべき項目は④です。

というのも、「税務官公署の当該職員は、第33条の2第1項又は第2項に規定する書面（以下この項及び次頁において添付書面という。）が添付されている申告書を提出した者について、当該申告書に係る租税に関しあらかじめその者に日時場所を通知してその帳簿書類を調査する場合において、当該租税に関し第30条の規定による書面を提出している税理士があるときは、当該通知をする前に、当該税理士に対し、当該添付書面に記載された事項に関し意見を述べる機会を与えなければならない」（税理士法第35条第1項）とされたことが私たちの業務にかかわってくるからです。

分かりやすく言うと、「税理士法第33条の2の書面が添付された申告書」を提出した納税者を調査するときは、調査着手前に書面を添付した税理士に意見を述べる機会が与えられたということです。

この改正は、行政の簡素化および円滑化を強力に推進しようとする背景があり、信頼性および品質の高い申告書作成に関与する税理士を尊重しようとする立法措置であると考えられます。

当税理士法人も全国に先駆けて、この「税理士法第33条の2に規定する書面の添付」を長年継続して、お客様の約80％に実践してきました。

所定の書面を添付する目的は、税務申告書を作成する過程において、税理士が租税法規に従い、独立した公正な立場において高度の注意義務を果たしたこと、さらに誠実義務と忠実義務（説明責任）を尽くしたことを明らかにすることになります。この書面を添付している場合、税務署が事前に通知して調査をする際には、税理士にその通知前に意見陳述の機会が与えられ、その結果、申告が適正であると認められれば、原則として「税務調査省略通知書」（意見聴取結果についてのお知らせ）が発行されて調査は省略されることになります。つまり税務行政が簡略化されるのです。これは中小企業の皆様にとっても手間が省けるシステムです。

申告書に表示されている数値には偽りがなく、遡及や改ざんがなされていないこと、第三者としての専門家によるチェックがなされた上で作成され、一定の基準に基づいて表示されているかどうかが重要です。真正な決算書はまさに時代の要請と言ってもいいでしょう。

私の税理士法人では、毎月、お客様を訪問して、会計資料ならびに会計記録の適法性、正確性および適時性を検証し、さらに黒字決算のための経営助言に努めています。私たちはこれを「巡回監査」と呼んでいますが、その目的の第一は、税務署に対して、あるいは裁判において、企業が作成した会計帳簿が真実であり、証拠能力を持つことにあります。また前述した「書面添付制度」を支えるには、税理士と納税者の信頼関係の構築が必要です。この巡回監査が書面添付制度を支えているのです。

真正かつ正確な帳簿とは

ここで言う「真正かつ正確な帳簿」とは、税法に規定されている帳簿組織に準拠したものであることは当然ですが、実はその作成の過程が特に重要なのです。刑事訴訟法第323条には「商業帳簿、航海日誌その他業務の通常の過程において作成された書面」はこれを刑事裁判上の証拠とできると規定しています。

すなわち、「通常の過程で作成された」ということが、帳簿が証拠となる重要な決め手であるということなのです。「忙しいから後でまとめてやろう」とか、「会計事務所に頼んで作ってもらえばいいや」という考えでは話になりません。それでは自らの「権利」を放棄してしまっていることになります。帳簿の作成は、納税者が、何らかの刑事事件や、税務調査にあったときには、自分の正当性を立証する重要な証拠となることなのです。

さらに付け加えるなら、

①一会計期間内に発生したすべての会計取引（完全網羅性）を
②実際の取引事実（実在性）その他の検証可能な証拠に基づいて（検証可能性）
③継続的に通常の業務の過程において、取引発生から一定の時間内に（適時性）
④組織的に整然と明瞭に記録（整然明瞭性）

という要件を満たす帳簿を作成することなのです。私たちは会計の専門家として、納税者の方々がそのような帳簿を作成していただくためのお手伝いをしているのです。

金融機関の決算書に対する目

どんな商売でもお互いを信頼して取引が開始されます。企業は信用力がなければ経営が成り立たちません。金融機関も最近では担保さえあれば融資するということはなくなりました。金融機関は、提出された決算書がまず正確であるかどうかをチェックし、そこに企業の経営姿勢を見るわけです。次に経営数値をさまざまな角度から分析し、社長自身の経営に対する経営姿勢を見ていきます。たとえば月次試算表の遅れはないか、経営計画は作っているか、記帳を会計事務所に依頼していないか、公私混同の体質はないか等々。ましてや、粉飾決算であればもう命取りです。金融機関は相手にしてくれませんし、取引先も同じことです。今までは社長の人となりで取引をしてきたわけですが、最近では「決算書を提出してください」と言うところが増えてきているのです。

記帳は誰のためにするのか

「そもそも記帳は誰がやるべきなのか」という疑問を持たれる社長や、「当然、会計事務所がやってくれるものでしょ？」などと思い込んでいる方がまだいらっしゃることが残念でなりません。

決算書（帳簿）は誰のために作成するかということですが、歴史をさかのぼると、1494年、北イタリアのヴェネチアで僧侶であり、数学者であるルカ・パチオリが出版した『算術、幾何、比及び比例全書』において、当時の商人たちが行っていた記帳方法として、複式簿記が体系的に紹介されたといわれています。

日本では江戸時代の1710年、越後屋呉服店（三越デパートの起源）が、各支店に帳簿を提出させ、本店でこれを吟味する体制をとっていたそうです。当たり前のことですが、当時は税務署などないわけですから、税務署のために帳簿を付けていたのではありません。

それではなぜ帳簿を付けていたのでしょうか？

それは自分のためです。つまり、

①商売繁盛の秘訣は帳簿を付けることによる、自社の経営状態を正確に把握できる。

②そのつど記帳することによって証拠を作り、商売上のトラブルから自分自身を守れる。

この2つができるということを商人たちは経験上知っていたのです。ですから、自社の決算書が読めない、分からないでは商人失格でしょう。**帳簿は経営者の通信簿・経営の羅針盤**なのです。

自分の経営がどうなっているかを随時確認し、これから経営をどのようにしていくかを考えるための唯一の羅針盤なのですから、記帳は自ら行うものです。これは商売をしている人なら当たり前のことです。

羅針盤のない舟はあてもなく漂い、いずれは沈没してしまうことは誰の目から見ても明らかです。記帳の分からない方は記帳を覚え、その記帳をもとに作成される財務資料の見方や考え方を培っていただきたいと思います。

正しい決算書は企業を守る

もう少し記帳のことについてお話しします。

私たち税理士は知らない事実は記帳できません。たとえば、「12月31日、スナック・10万円・飲食代として」という領収書があったとします。

もしこれを会計事務所側が記帳したら「交際費」という科目で処理してしまうかもしれません。でも実際は、従業員さん全員での忘年会費用だったとすれば、これは「厚生費」が正解です。もし、そのまま記帳していたとしたら現場と事実を知らない者が勝手にあなたの会社の経営状況を表す財務資料を動かしてしまうことになります。こんなことが許されるでしょうか。自分の財布の中に他人が手を突っ込んでいるのと同じことです。

私の税理士法人が毎月の巡回監査のおりに、領収書等には摘要を正確に書いてくださいと申しあげているのは、正しい経済事実を立証する唯一の手段だからです。後日、税務調査があったときに、無用な論争を避けるために苦言を呈しているのです。

適時に正確に記帳された会計帳簿は証拠力を持っています。記帳こそあなたの会社を外部圧力から守ってくれる重要なものであるという認識をぜひ持っていただきたいと思います。

きちんと真面目に記帳している社長は報われます。今は中小企業にも、コンプライアンス（法令・規範の遵守）を重視した経営が強く求められていますが、このように正しい記帳や月次決算を通して作成された正しい決算書が、いざというときに大切なあなたの会社を守る大切な資料となります。その重要性が高まっていると理解してください。

話は変わりますが、私の税理士法人には、「租税正義を貫徹する」という経営理念があります。これは、私たちの仕事の上での考え方として、全員が十分理解しておくべき大切な理念なのです。仮に、不合理・不公平な点が現行法にあっても、あくまで公正な立場に立って法律を守っていく努力をするということです。私たちは現行法を守ること、守らせることを業としています。

このようなことを言うと、「それでは税務署と同じじゃないか」と思われる社長さんもいるかもしれませんが、そうではありません。日本の税制は、納税者自らが自分の所得を計算して、自ら申告し、納税するという「申告納税制度」を建前としています。しかしこの複雑な税法を十分理解し、間違いのない申告を自ら行っている納税者など皆無に等しいのが現状です。

税法はすべてのことを規定しているわけではないので、そこにはどう解釈するかという判断が出てきます。そのときに私たちのとるべき道は、税務署（徴税）側・納税者側のどちらか一方に偏るわけでもなく、あくまで独立した公正な第三者としての判断をもって法を遵守していくことにあります。それによって、不当な徴税や、無知による過大納付等から納税者を守り、また脱税を未然に防ぎ、納める必要のない加算税や延滞税を徴収されないようにすることなのです。

この租税正義を貫くことが税理士の使命であり、そのためには正しい判断ができるだけの知識の習得と一人ひとりの人格形成が求められます。

話を戻しますと、だからこそ私たちは毎月の巡回監査は避けて通れない業務であり、記帳指導がお客様のためになることだと信じ、業務を行っているのです。社長の皆様にも「記帳が自分の会社を守る」という考えをどうか持っていただきたいと思います。

2 中小会計要領に準拠した決算書作成の重要性とは

「中小会計要領」とは

社長の皆様は、「中小会計要領」というものをご存じでしょうか。

正式な名称は「中小企業の会計に関する基本要領」といいます。平成24年2月に公表され、中小企業支援スキームが整備されました。その中で、前述した認定支援機関が行うべき役割として中小会計要領に拠った信頼性のある計算書類の作成と活用を推奨するように規定されました。中小会計要領は次の考えに沿って作成されています。

①中小企業の経営者が活用しようと思えるよう、理解しやすく、自社の経営状況の把握に

役立つ会計。
②中小企業の利害関係者（金融機関、取引先、株主等）への情報提供に資する会計。
③中小企業の実務における会計慣行を十分考慮し、会計と税制の調和を図った上で、計算規則に準拠した会計。
④計算書類等の作成負担は最小限にとどめ、中小企業に過重な負担を課さない会計。

平成24年3月に公表された『中小企業の会計に関する検討会報告書』では、中小会計要領の意義として、「中小会計要領に従った会計処理を行うことは、経営者が必要な財務情報を入手し、それに基づき自社の経営状況を的確に把握することは、新規投資や経営改善の際の適切な経営判断の前提であり、また、金融機関等の利害関係者に対して、正確に自社の財務情報や経営状況を説明するために必要である。中小企業の経営者が、会計の重要性を認識し、財務情報に基づき経営判断を行うことにより、企業の経営力や資金調達力の強化や取引拡大に繋がることが期待される」と書かれており、私たち税理士に対して、その定着と普及・活用へ取り組むことを求めています。

この会計要領に拠った決算書を作成した中小企業は、各種の支援策が受けられます。

中小会計要領の6つの効果

私の税理士法人はこの中小会計要領に拠った決算書を作成していますが、この中小会計要領ができた背景とはどのようなものでしょうか。社長の皆様はきっと、

「決算書の信頼性を向上させたい」

「投資判断や経営改善を的確にできるようになりたい」

「スムーズな資金調達や取引先拡大を図りたい」

といった気持ちをお持ちだと思います。このような社長の思いを実現するためには、正しい会計ルールに基づいて日々の記帳を行って信頼性のある決算書を作成し、その財務情報を活用して自社の経営状況をタイムリーに把握していく以外に方法はありません。

しかし中小企業の場合、「営業活動が忙しいし、専門の経理担当者もいない中で、なかなか会計や記帳に手が回らない」とおっしゃる社長が多いのも事実です。そこで国は、そうした中小企業の実態を考慮して、大多数の中小企業にとって利用可能な会計ルールを整備することにしたのです。これが中小会計要領です。

そして前述のとおり、国は中小会計要領に拠った決算書を作成した中小企業に対して数々の支援策を行っています。したがって今後、国の中小企業支援策を受けようとするなら中小会計要領に拠った決算書の提示が必要になります。そのため私の税理士法人でも、原則として、すべての法人のお客様に中小会計要領に準拠した決算書を作成・提供しています。

ほかにも中小会計要領に準拠した決算書は、特に次のような効果を生みます。

①経営者が自信を持って決算書を意思決定や資金調達に活用できる。
②取引金融機関からの信頼が高まり、融資がスムーズに行われる。
③金融機関等からの融資に伴う金利の優遇を得られる。
④税務署をはじめとする公的機関からの信頼が厚くなる。
⑤債権者、得意先との関係が有利に展開する。
⑥出資者や従業員に対する説明責任が果たしやすくなる。

いかがでしょうか。中小企業にとってこれだけのメリットがあるのです。

私の税理士法人では、中小会計要領に拠った決算書かどうかを、「記帳適時性証明書」「税理士法第33条の2第1項に規定する書面」「『中小企業の会計に関する基本要領』の適用に関するチェックリスト」の3つの書類をお客様の決算書に添付することで証明しています。

ですからお客様は決算書を堂々と提出されています。

それらの書類の特長は次のようになります。

●記帳適時性証明書（㈱ＴＫＣ発行）

決算書がどのような過程で作成されたものかを、第三者機関である株式会社ＴＫＣが証明したものです。会計事務所が行う月次巡回監査を通じ、ＴＫＣデータセンターに送られた過去3年間の会計データが遡及的な訂正、追加、削除等がされていないことを処理結果として間接的に表し、決算書がその過程を通じて作られたものであり、その決算書は税務当局に提出されたものと同一であること、その申告書はその決算書に基づいて作成され、申告期限までに電子申告されたことを証明しています。

(参考) 記帳適時性証明書

(原本PDF)　　　　　　　　　　　　　　　　第　5850545541 号

記帳適時性証明書

(会計帳簿作成の適時性(会社法第432条)と電子申告に関する証明書)

発行日：平成27年 5月14日

堤敬士税理士事務所　　　　　殿

株式会社ＴＫＣ
代表取締役社長　角　一幸

貴事務所の関与先企業 株式会社ＴＫＣ食品 **殿の会計帳簿作成の適時性及び継続性並びに月次決算の実施日及び決算書と法人税申告書等の作成に関して次の事実を証明します。**

(審査)　Y N

1.「資料１：過去３年間における月次決算及び年次決算の状況」について

①ＴＫＣ会員は「ＴＫＣ全国会行動基準書」に基づいて、会計記録の適法性等を確保するため毎月、関与先に出向き巡回監査することが求められています。貴事務所の実践状況は資料１のとおりです。

②「監査対象月」は貴事務所が巡回監査を行った会計期間、「仕訳数」は当月の試算表に計上された仕訳の件数、「データ処理日」は月次決算が完了した日を示しています。

③「決算書に付した番号」(17行目) は、書面の「決算報告書」に付した番号で、これと同一の番号が印刷されている貸借対照表及び損益計算書は、会計帳簿の期末科目残高と完全に一致しています。

2.「資料２：前期 (第 22 期) の法人税申告書の作成状況」について

①ＴＫＣシステムは会計帳簿 (仕訳帳・元帳・月次の試算表) 及び決算書の作成、これに続く法人税申告書・消費税申告書の作成、さらには国税と地方税の電子申告まで一気通貫となっています。

②前期の決算書に計上された「税引き後当期純利益 (損失)」(資料１の18行目Ⓐ) と前期の法人税申告書別表４の「当期利益又は当期欠損の額(1)」(資料2の2行目Ⓑ) とは完全に一致しており、貴関与先殿の法人税申告書は当該決算書に基づいて作成されています。

3. 税理士法第33条の２に定める書面添付 (「決算申告確認書」の提出) の実践について

ＴＫＣ会員は「ＴＫＣ全国会行動基準書」により、税務申告書の提出に当たっては、税理士法第33条の２に基づく書面を添付することが求められています。貴事務所の実績は資料3 (3行目) のとおりです。

4. ＴＫＣ財務会計システムの継続利用期間について

①貴関与先の財務データは、平成 5年 4月分から継続して利用しており、利用期間は22年 0か月となります。

②この利用期間において過去仕訳及び科目残高の遡及的な修正・追加・削除の処理はなされていません。

5. この証明書の真正性は、ＴＫＣ全国会ＨＰ (http://www.tkc.jp/) から確認できます。

なお、そこでは事務所名と商号の表示を省略しています。　(掲載期限：平成28年 5月31日)　　以上

資料１：過去３年間における月次決算 (◎翌月：○翌々月：無印遅れ/期首月と期末月は調整) 及び年次決算の状況

年月	第20期 平成24年 4月 1日-平成25年 3月31日				第21期 平成25年 4月 1日-平成26年 3月31日				第22期 平成26年 4月 1日-平成27年 3月31日			
	監査対象月	仕訳数	データ処理日	注	監査対象月	仕訳数	データ処理日	注	監査対象月	仕訳数	データ処理日	注
1	平成24年 4月	848	平成24年 5月22日	◎	平成25年 4月	892	平成25年 5月23日	◎	平成26年 4月	982	平成26年 5月22日	◎
2	平成24年 5月	817	平成24年 6月15日	◎	平成25年 5月	854	平成25年 6月11日	◎	平成26年 5月	941	平成26年 6月12日	◎
3	平成24年 6月	789	平成24年 7月12日	◎	平成25年 6月	840	平成25年 7月10日	◎	平成26年 6月	933	平成26年 7月14日	◎
4	平成24年 7月	803	平成24年 8月17日	◎	平成25年 7月	854	平成25年 8月19日	◎	平成26年 7月	956	平成26年 8月18日	◎
5	平成24年 8月	774	平成24年 9月13日	◎	平成25年 8月	831	平成25年 9月17日	◎	平成26年 8月	964	平成26年 9月16日	◎
6	平成24年 9月	791	平成24年10月12日	◎	平成25年 9月	828	平成25年10月21日	◎	平成26年 9月	927	平成26年10月16日	◎
7	平成24年10月	753	平成24年11月13日	◎	平成25年10月	846	平成25年11月18日	◎	平成26年10月	940	平成26年11月13日	◎
8	平成24年11月	803	平成24年12月14日	◎	平成25年11月	861	平成25年12月16日	◎	平成26年11月	955	平成26年12月18日	◎
9	平成24年12月	826	平成25年 1月17日	◎	平成25年12月	873	平成26年 1月14日	◎	平成26年12月	963	平成27年 1月19日	◎
10	平成25年 1月	785	平成25年 2月15日	◎	平成26年 1月	855	平成26年 2月17日	◎	平成27年 1月	976	平成27年 2月17日	◎
11	平成25年 2月	819	平成25年 3月13日	◎	平成26年 2月	879	平成26年 3月14日	◎	平成27年 2月	970	平成27年 3月16日	◎
12	平成25年 3月	834	平成25年 4月17日	◎	平成26年 3月	887	平成26年 4月18日	◎	平成27年 3月	991	平成27年 4月17日	◎
13	年次決算	82	平成25年 5月13日	◎	年次決算	93	平成26年 5月15日	◎	年次決算	98	平成27年 5月14日	◎
14												
15												
16												
17	決算書に付した番号		V15885		決算書に付した番号		W36931		決算書に付した番号		X56345	
18	税引き後当期純利益 (損失)		7,488,230円		税引き後当期純利益 (損失)		798,994円		税引き後当期純利益 (損失)		Ⓐ 5,018,775円	

(注) 前期 (第22期) の決算書の個別注記表には、中小会計要領に準拠している旨の記述があります。

資料２：前期 (第 22 期) の法人税申告書の作成状況

	項　目	処　理　結　果	
1	法人税申告書の作成日及び提出方法	平成27年 5月14日	法人税申告書はＴＫＣシステムで作成され電子申告されています。
2	別表4の「当期利益又は当期欠損の額(1)」	Ⓑ 5,018,775円	Ⓐ とⒷ は一致しており、申告書は決算書に基づいています。
3	別表1の「法人税額 (2)」	993,000円	

資料３：前期 (第 22 期) のＫＦＳの利用状況

1	Ｋ：継続ＭＡＳ (経営計画)	⦿ 利用　○ 未利用
2	Ｆ：ＦＸシリーズ (自計化)	⦿ 利用　○ 未利用
3	**Ｓ：書面添付 (税理士法33-2)**	**⦿ 実践　○ 未実践**

■ＴＫＣ全国会登録情報

1	会員氏名	堤　敬士
2	**入会日 (経過年数)**	**平成 2年10月14日　(24年 7か月)**
3	経営革新等支援機関	⦿ 認定　○ 未認定
4	事務所ホームページ	http://www.tkccomputerao.co.jp/

●**税理士法第33条の2第1項に規定する書面（当法人発行）**

税理士がその申告書の作成に際し、計算し、整理し、または相談に応じた事項を記載した書面で、税理士だけが発行できるものです。私たちが毎月行っている巡回監査でその関与先の会計記録の適法性、正確性を確保するため、会計事実の真実性、実在性、網羅性を確かめることでその決算書の信頼性を高めています。その証しとしてこの書面を決算書に添付しているのです。なお、この書面に虚偽の記載をしたときは、税理士は戒告、1年以内の税理士業務停止、税理士業務の禁止の処分を受けることになっています。

●**「中小企業の会計に関する基本要領」の適用に関するチェックリスト（当法人発行）**

「中小企業の会計に関する基本要領」（中小会計要領）は、中小企業の実態に配慮し、その成長に資する目的で中小企業が会社法上の計算書類を作成する際に拠るべき会計処理の基準として制定されたわが国初の会計基準です。この会計基準に準拠した決算書を作成することは今後の中小企業支援策を受けるための前提となると思います。会計というものは、比較的恣意性が入りやすく、どう処理するかは企業任せ的な要素が多いものです。ですからその恣意性を極力排除し、一定の基準にすべての中小企業が従うことは社会的に大変意義のあることなのです。企業が作成した決算書類がこの基準を適用して作成されたものであるかどうかを15項目にわたり確認したものがこのチェックリストです。

プロの視点

●真正な決算書の作成は時代の要請であり、金融機関からの評価も高まります。

●正しい記帳や月次決算を通して作成された正しい決算書が、いざというときに企業を守る大切な資料となります。

●書面添付制度は企業にとってメリットのある制度です

●当税理士法人では、3つの書類（「記帳適時性証明書」「税理士法第33条の2第1項に規定する書面」「『中小企業の会計に関する基本要領』の適用に関するチェックリスト」）で中小会計要領に拠った決算書を作成しているかどうかを証明しており、お客様は堂々と決算書を提出しています。

簿記・会計先覚者の金言３

毎月の財務計算と経営計算結果の吟味と弱点発見に時間をかけよ。

飯塚《いいづか》　毅《たけし》
Takeshi Iizuka

TKC全国会を創設し、巡回監査を開発・普及させた不撓不屈の会計人

簿記・会計に関する金言　飯塚 毅『会計人の原点』より[1]

毎月の財務計算と経営計算結果の吟味と弱点発見に時間をかけよ

たとえばＴＫＣの会計人の関与先企業には、毎月会計事務所から『一覧式総勘定元帳』、その下にある『月例経営分析表』、『仕訳日記帳』、『レーダー・チャート』、『損益分岐図表』、『月例損益予算比較表』、あるいは『資金管理表』、こういう色々な帳表が供給されます。供給される場合に経営者は、「何だ、先月の純利益はいくらだ。ああ、そうか。ああ、後はわかった」、これでは困ります。そうではなくて、それを時間をかけて見てもらいたい。その数字には必ず自分の経営の弱点が顔を出してきます。自分の弱点はどれであるか、どこをどう直さなければならないか、ということについて、数字とにらめっこする時間をかなりもっていただきたいのです。そのことをなおざりにすると、これからの低成長時代の経営者としては生き残ることは難しいということです。

*1 飯塚（1981）154頁。

（出典：坂本孝司『会計で会社を強くする　簿記・会計先覚者の金言集・解説〈改訂新版〉』ＴＫＣ出版）

第4章

事業継続のために社長がするべきこと

1 後継者が継ぎたくなるような黒字会社を目指そう

100年続く会社と30年足らずで終わる会社の違い

日本には創業100年超の長寿企業が、商店も含めると推計で10万社以上も存在していると言われています。これは世界的にみても突出した多さです。

その一方で「会社の寿命30年説」というものがあるように、設立から一代程度で消えてしまう企業が大多数であるのもまた事実です。はたして100年続く企業と一代で廃業する企業とでは何が違うのでしょうか。その答えはいたって単純で、黒字決算を長きにわたって継続できるか否かにかかっています。

黒字倒産というケースがあることはご紹介しましたが、原理的には黒字決算を続けることで必然的に会社は存続・発展していきます。会社が発展すれば社員は増え、顧客や取引先からの期待も大きくなります。その過程で社長は、会社が社会的な存在であること、自分が社会的責任を負っていることを自覚し、存続のために自ずと経営承継対策を考えるようになるのです。そうして次代へと引き継がれた会社は、黒字継続によってまた新たな発展のステージへと進んでいきます。つまり**毎期の黒字の積み重ねこそが、結果として「100年企業」を生み出すのです。**このように、黒字決算は企業の存続・発展の大前提になりますが、現実には国内の実に約７割が赤字企業という状況です。

赤字の要因は、グローバル化による競争激化などさまざまですが、中小企業が赤字に陥る最も大きな要因は黒字を出すための仕組みが整備されていないことに尽きます。

黒字化実現のための仕組みづくりについてはこれまで本書で述べてきましたが、もう一度、順を追って整理します。

黒字を出すためには、「『売上高』の継続的な実現」（必要条件）と「しっかりした『業績管理体制』の確立」（十分条件）の２つをクリアしなければなりません。この２つは双方密接に関連していますが、土台となるのは業績管理体制のほうです。

しっかりした業績管理体制は、①月次決算の実施②ＰＤＣＡサイクルの定着などのステップで作り上げていきます。

①の月次決算は、自社の正確な現状（業績）をタイムリーに把握するために行います。要は毎月儲かっているかどうかを確認するわけです。そのためには、適切な経理処理体制の整備が不可欠になります。具体的には、証憑書類の整理・保存、現金管理、起票（入力）といった基礎を学んだ経理担当者が、適時、かつ正確に処理を行い、それを会計事務所が毎月の訪問でチェックするといった流れです。

②のPDCAサイクルの定着とは、繰り返しになりますが、経営（利益）計画の策定と予算実績（予実）管理の実践です。月次決算で正確な財務データをつかんでも、何らかの判断基準がなければ評価ができません。そこで利益計画を立てて月別の予算（P）を設定し、次にそれを営業活動（D）の結果である業績と照らし合わせて（C）、差異があれば原因を分析し、改善策を実行（A）していくわけです。

"SY社長"からの卒業を

いくら円滑な事業承継を目指しても、後継者が継ぎたくなるような魅力的な会社でなければ、空念仏で終わってしまいます。やはり黒字化なくして事業承継はないわけです。

驚くことに、赤字をそれほど恥ずかしいと思わない社長がいまだに存在します。経営数値が読めないから、事の重大さを理解できないのではないでしょうか。失礼ですが、私はこうした社長を以前流行ったＫＹ（空気読めない）に擬《なぞら》えて「ＳＹ（数字読めない）社長」と呼んでいます。黒字化するためにはＳＹ社長を卒業する必要があります。これが事業承継の第一歩になるのです。そのポイントは次のとおりです。

①市場競争に勝つ

いまの大競争時代において、事業が継続し、発展していくためには、「市場競争に勝つ」ことが大事です。すでに業種間格差はなくなりましたが、逆に企業間格差が歴然としてきています。勝つか負けるかの打ち手は、「売上高の継続的な実現」をいかに可能にするかにかかっています。放っておけば必ず売上高は逓減《ていげん》し、時代の変化による陳腐化、消費者ニーズの多様化が避けられなくなるからです。そうなると価格面での競争が始まり、売上高、さらには利益率も逓減してしまいます。勝ち残るのか、このまま何もせずに消滅を待つかどうかは社長の考え方次第です。これから事業をどうしていきたいか、どういう方向へ向かうのかの決断が問われています。

②常に新しいことに挑戦する

市場競争に勝つためには条件があります。それは常に新しいことへ取り組む姿勢を持ち、挑戦し続けることです。成功するかしないかは結果の話ですが、新たな取組みをしなければ絶対に勝ち残ることはできません。

顧客の満足度は逓減していくものですから、ここでいう新たな取組みとは、新商品を開発するということだけではありません。自社ではまだ取り組んでいないが他社では成功している方法の導入など、衆知を集めて、新たな取組みに全社でチャレンジしてみることなのです。これが経営革新です。

③限界利益率のアップが決め手

新しい取組みの効果がどのように現れてくるかについてもしっかり把握してほしいと思います。売上高の継続的な実現のために取り組んだ効果は、限界利益率の変化をもたらすはずです。限界利益率が昨年よりも上昇していればその取組みの効果が現れているといえます。

利益を確保するためには経費の削減をしなければならないとお考えになる方も多いと思

いますが、固定費は事業維持費でもあるわけです。無駄を排除することは当然ですが、維持費を削減しすぎると事業の存続ができなくなるので、自ずと限界があります。ですから、知恵と工夫を発揮すべきは変動費のほうです。変動費は売上高に比例してかかる費用のため金額も大きい。この変動費を新たな取組みによって構成を変えるわけです。仮に限界利益率が１％変わったら売上高の１％はそのまま利益になるのです。つまり、年商１億円なら１００万円は利益が増えることになります。この点を常に意識しながら取り組むことが利益体質に転換する第一歩です。

社長以上の人材は育たない

事業承継対策の中には財産の承継問題も入ってくるのですが、それは第二の問題です。やはり第一の問題は中小企業の場合、後継者問題ではないでしょうか。もちろん、自分一代で経営を閉める（廃業）、自分の会社を他人に売る（M&A）ことも選択肢の一つです。廃業するなら借金をすべて返済するためにどうするかを考えることが重要な問題になります。

M&Aの場合、大切なのはいかに良い会社、つまり価値の高い会社にするかということです。しかし、これは財産承継の問題です。どちらかというとここまで自分が作り上げてきた愛着のある会社を存続させることを考えた場合、最大の問題点は後継者の育成になります。**後継者なくしては経営の存続はあり得ないからです。**

よく「うちの幹部はこうだ、社員なんかは……」と不満そうに言う社長の方がいます（私もそのタイプだったかもしれません。反省しています）。でも考えてみれば職場は社長の心の持ち方、経営の仕方、人生の生き方がすべて、後継者や社員の振る舞いに反映しているのです。

中小企業の場合、社長以上の人材は育ちません。「人が育たなくて困る」と不満を述べている社長は、「私はダメな社長です」と言っているようなものです。人材を育てようと本気で思うなら、まず社長自らが勉強し、自己を磨き上げ続けることしか方法はありません。社長が一番勉強し、「社長力」を上げること、それが会社の健全な成長・発展の法則ではないでしょうか。

ですから事業承継というとすぐに財産を承継することと考えがちですが、実はそれだけではないということを心にとめておいてください。財産だけ承継するのは相続の話です。

事業承継はあくまで皆様方の経営を未来に向かっていかに継続・発展させていくかということが一番の課題となるのです。

2 保険の活用で企業のリスクマネジメントを

リスクから企業を守る

会社にとって最大の出来事は何と言っても「社長交代」ではないでしょうか。特に中小企業の場合は、社長個人の信用で成り立っているところが大きいため、代表者が急に亡くなったりすると取引先の態度が変わることもあります。そのため、最悪の事態を常に想定し、危機管理として、あらかじめ何らかの手を打っておくことは非常に重要です。そして、その最も有効な方法は、現在のところ生命保険だと考えられています。

私の税理士法人では大手保険会社とともに、お客様である関与先企業の社長、幹部、従業員、家族に万が一のことが発生したときに備えて、企業の実態を鑑みて、保険の加入状況にムダ・ムラ・ムリがないか、加入の仕方に税法上の不合理な点はないか、社内規定や取締役会議議事録等は整備されているか等、標準保障額（経営者や幹部社員が万が一の場合に、企業と家族を守るために必要になる保障額）と適正保険料負担額との算出を行い、最も有利な保険加入を通して企業の防衛を図っています。

企業のリスクマネジメントにおける保険の上手な利用方法

①万が一のときには被害額が相当なものになります。そんなにわれわれはお金は持っていないし、貯めることなどできません。ですから保険を利用するのです。１億円は貯まりませんが１億円の保険には加入できます（お金がないから保険を利用するのです）。

②万が一に備えるためのコストですから、ほとんどの場合、事故など起きません。だからできるだけ少ないコスト（掛け金）で、万が一の時には最大限の効果を発揮できるものに加入することです（保険は損なのです。だから損は小さいものが良いのです）。

税理士が経営状態を判断して保険指導を行います

「なぜ税理士が保険指導までするのか」と考える社長さんもいらっしゃるかと思いますが、答えは簡単です。会計事務所は会計業務を通じ、企業の経営内容などの実情を最も理解しており、保険加入の目的や適切な保険契約について客観的にアドバイスできるからです。むしろ、税理士だからこそ、企業のリスクを管理し、保険の活用をアドバイスできるといえます。

企業を取り巻く環境には、いくつかの予測不可能なリスクがつきまとっています。そのリスクが起こった時に、いままで積み上げてきた利益の企業内留保だけで十分まかなえる企業は、そう多くはありません。まして、いつ起こるか分からないリスクに備えて貯蓄しているなどという企業は少ないのではないでしょうか。

社長が思わぬ事故や災害に遭遇すると、企業は崩壊し、従業員や家族は一瞬にして路頭に迷うことにもなりかねません。これらリスクから企業を守る一番良い方法が保険の活用なのです。社長さんからは、

「保険ならすでに入っている」

「付き合いで仕方なく入った」

などの声を聞くことがありますが、このような方は保険の本当の意味が全然分かっていないと思います。保険は入っていればよいというものではないからです。まして、付き合いで入るものでもありません。経営上、起こりうるリスクに備えて、最小限のコストで保障を確保するために保険に加入するのです。

たとえば、中小企業において突然降りかかると考えられるリスクには次のようなものがあります。

①物的リスク
工場や機械・商品などは会社の大切な物的財産です。これが火災などで無くなってしまったらどうするのでしょうか。

②人的リスク
役員や従業員は人的財産です。でも生身の人間ですから、病気やケガもするでしょうし、いつかはこの世を去ります。不慮の事故で1人でも欠けたら、大企業のような何千分の一の比率ではなく、何分の一かの比率で穴があいてしまいます。ましてそれが

社長であれば、企業の存亡にかかわる問題です。借金は誰が返済するのでしょうか。

③収益リスク

工場やお店が燃えてしまった場合、保険に入っていれば再度建て直せばよいでしょう。でも復旧まで相当時間がかかり、その間に固定費が出ていきます。それを補う資金はどうしますか。

④賠償責任リスク

さらに新聞等の紙面を賑わせることの多い、第三者からの高額な損害賠償請求があれば、会社が潰れてしまいます。

これらすべてのリスクに対し、漏れなく、そして適正な金額が保障額としてカバーされていなければなりません。大切な自分の会社を不慮の事故から守り、失わないためには、保険が必要なのです。

保険は種類も数多く、よく分からないという人が多いようですが、そのために私の税理士法人は常日頃から保険を研究し、勉強してきました。お客様が安心して経営に従事できるように、第三者的立場から冷静に経営状態を判断した上で、いま必要な保険は何か、不足しているものはないかという観点で保険指導を行っています。

3 経営者保証のない借入金

個人保証によらない中小企業金融の動き

現在、多くの中小企業融資には経営者の個人保証が付けられています。経営者保証には経営者への規律付けや信用補完として資金調達の円滑化に寄与する面がある一方、経営者による思い切った事業展開や、早期の事業再生等を阻害する要因となっているなど、保証契約時・履行時等においてさまざまな課題が存在します。これらの課題を解消し、中小企業の活力を引き出すため、平成25年12月5日に中小企業経営者、金融機関共通の自主的なルールとして、日本商工会議所と一般社団法人全国銀行協会を事務局とする「経営者保証に関するガイドライン研究会」から「経営者保証に関するガイドライン」

が策定され、その適用が平成26年2月1日から開始されました。

これを受けて各金融機関はこれを遵守するための態勢を整備しています。私の税理士法人がかねてからお客様に提供してきた「巡回監査」「経営計画策定会」「四半期ごとの業績検討会」などのサービスや、決算書に積極的に添付してきた「記帳適時性証明書」「税理士法第33条の2による書面」「中小会計要領のチェックリスト」などがこの融資に大きく貢献できる環境となりました。

融資は、おおむね次のようなステップで実施されているようです。

ステップ❶　中小企業等に求められる経営状況の確認

(1)法人と経営者との関係の明確な区分・分離がされているか

①経営者個人が法人の事業活動に必要な本社・工場・営業車等を所有している場合には、所有者を法人とすることが望ましいが、それができない場合には適切な賃料を支払っているか（法人の事業用資産の経営者個人所有の解消）。
②事業上必要が認められない法人から経営者への貸し付けは行わない、個人として消費した費用（飲食代等）について法人の経費処理としていないか（公私の明確な区分）。

③取締役会での牽制機能の発揮・会計参与の設置・中小会計要領に準拠した決算書の作成・税理士等の外部専門家による検証などを受けているか（牽制機能の有無）。

(2)財務基盤の強化が図られているか

経営者個人の資産債権保全の手段として確保しなくても、法人のみの資産・収益力で借入返済が可能と判断し得る財務状況が期待できるか。内部留保で借入金の返済が可能であるか。業績が好調で借入金を順調に返済できるか。

(3)経営の透明性の確保（財務状況の正確な把握、適時適切な情報開示等）

対債権者の求めに応じて、貸借対照表、損益計算書の提出だけでなく、これらの決算書上の各勘定科目明細が提出されており、年１回の本決算の報告のみでなく、定期的に試算表、資金繰り表を提出し、報告しているか。

ステップ❷　金融機関への申し込み

新規の資金調達、既存の経営者保証の見直し等を行う場合、各金融機関の所定の手続きに従って申し込み、審査を受ける必要があります。

4 「認定支援機関」をご存じですか？

「認定支援機関」として税理士がより深く経営に関わります

2008年に起きたリーマン・ショック後から、「100年に一度」や「未曾有の大不況」などと言われておりますが、中小企業にとって厳しい経済状況が続いています。

いつの時代も変化の次に新しい時代がやってくるのです。だからいまは、変化を受け入れなければなりません。ダーウィンは、「最も強い者が生き残るのではなく、最も賢い者が生き延びるでもない。変化に適応できる者だけが生き残る」と言っています。変化に適応するには、まず現状を見直し、変化に対応できる企業体質を作らないといけません。

その一助として、「経営革新等支援機関」（認定支援機関）を活用してはいかがでしょうか。認定支援機関とは、平成24年8月に施行された「中小企業経営力強化支援法」に基づき、中小企業に対して専門性の高い支援事業を行う機関として制定されました。この新たな制度は、中小企業の経営改善計画策定支援とそのフォローアップを通じて、経営の改善を促進するものです。認定支援機関には私たち税理士も含まれており、私の税理士法人も、東海財務局長ならびに関東経済産業局長から「経営革新等支援機関」の認定通知をいただきました。税理士が税務の専門家だけではなく、中小企業の経営支援という新たな領域への業務展開を期待されているのです。

私の税理士法人はこれを見越していたわけでありませんが、20年以上も前からお客様に対して事業計画立案のお手伝いをし、業績検討会を四半期ごとに開催することで計画の進捗管理とフォローアップを標準業務として展開してまいりました。このビジネスモデルが、国の中小企業者の財務経営力を強化するための施策と一致したことは、これまでの私どもの先行した取組みは正しかったと確信を深めています。

認定支援機関は中小企業に対して資金調達力や財務基盤の強化の支援を行いますが、中でもコアとなるのが国の「中小企業への経営改善計画策定支援事業」への関与です。この事業は、中小企業の経営改善計画策定支援とそのフォローアップを通じて、経営の改善を促進するもので、その費用は200万円を上限として、平成27年末までに利用申請すれば、3分の2まで補助金を受け取ることができました。また現在では当初設けられていた平成27年末までの期限は撤廃され、平成27年度以降も引き続きこの事業を利用できるようになっています。

社長にとってみればコストもかかることなので、認定支援機関に経営改善計画策定を依頼して、現実的なメリットがあるか疑問に思われる方も多いと思います。

しかし、この疑問に対しては「やる気のある経営者なら十分効果が見込めます」とお答えします。特に、現状で営業キャッシュ・フローが出ている会社であれば、それが約定返済分を全額カバーできていなくても必ずなんとかなると考えています。

そこで社長の皆様は、自社の財務状況をいま一度確認してみてください。なんとか営業キャッシュ・フローは捻出できているとしても、ほとんどすべてが金融機関への返済にまわってしまい、運転資金の足りない分は折り返し融資で融通するようなギリギリの経営に終始していませんか？　だとすれば、環境変化に対応する、あるいは新規分野に積極的に乗り出すような事業活動資金が生み出せず、経営はジリ貧にならざるを得なくなるでしょう。かなりの割合の中小企業がこうした状況ではないかと思われます。

キャッシュ・フローが重視される「経営改善計画書」

金融機関に返済条件の変更（リスケジュール）等をお願いする際には「経営改善計画書」の作成が求められます。

会計事務所などの認定支援機関が策定を支援する中小企業の経営改善計画書ではキャッシュ・フローが重視されています。中小企業庁が公開している経営改善計画書のサンプルでは、損益計算書、貸借対照表と並んでキャッシュ・フロー計算書の作成が求められています。

経営改善計画書のサンプル【原則型】　≪ 計数計画≫　**認定支援機関作成支援**

キャッシュフロー計算書

（単位：千円）	実績−2 平成23年9月期	実績−1 平成24年9月期	計画0年目 平成25年9月期	計画1年目 平成26年9月期	計画2年目 平成27年9月期	計画3年目 平成28年9月期	計画4年目 平成29年9月期	計画5年目 平成30年9月期
税引前当期純利益	44,257	▲ 23,132	▲ 25,761	▲ 24,826	▲ 1,243	4,462	9,171	10,428
減価償却費	24,472	32,668	27,672	17,692	15,188	12,848	11,558	10,497
省略する								
法人税等支払	▲ 76	▲ 11,511	▲ 81	▲ 54	▲ 54	▲ 54	▲ 54	▲ 54
営業活動によるCF ①	97,462	22,169	6,074	1,423	15,522	18,606	22,496	22,229
有形固定資産増減	▲ 51,042	▲ 170,496	▲ 0	225	0	0	0	0
省略する								
長期貸付金増減	−	−	5,941	−	−	−	−	−
投資活動によるCF ②	▲ 61,011	▲ 187,197	17,261	9,456	0	0	0	0
短期借入金増減	▲ 33,306	450	▲ 20,765	−	−	−	−	−
長期借入金増減	25,942	122,326	12,155	▲ 18,668	▲ 10,549	▲ 12,418	▲ 14,885	▲ 17,997
財務活動によるCF	▲ 7,364	122,776	▲ 8,611	▲ 18,668	▲ 10,549	▲ 12,418	▲ 14,885	▲ 17,997
現金預金増減	29,088	▲ 42,253	14,725	▲ 7,789	4,973	6,188	7,611	4,232
現金預金期首残高	52,426	81,514	39,261	53,986	46,197	51,170	57,358	64,969
現金預金期末残高	81,514	39,261	53,986	46,197	51,170	57,358	64,969	69,201
FCF ①＋②（注3）			23,335	10,879	15,523	18,606	22,496	22,229
FCF×80%			18,668	8,703	12,418	14,885	17,997	17,783
【キャッシュフロー比率の推移】								
有利子負債			352,527	333,858	323,309	310,891	296,006	278,010
▲現預金			▲ 53,986	▲ 46,197	▲ 51,170	▲ 57,358	▲ 64,969	▲ 69,201
▲運転資金			▲ 5,533	▲ 6,096	▲ 6,439	▲ 6,800	▲ 6,803	▲ 6,803
要償還債務①			293,008	281,566	265,700	246,734	224,235	202,006
留保利益（当期純利益）			▲ 25,815	▲ 24,880	▲ 1,297	4,408	9,117	10,374
減価償却費			28,434	18,454	15,950	13,609	12,320	11,002
引当金増減（注1）			▲ 420	835	835	835	831	831
キャッシュフロー②			2,199	▲ 5,591	15,489	18,853	22,268	22,206
キャッシュフロー比率①÷②（注1）（注2）			133.2	▲ 50.4	17.2	13.1	10.1	9.1

（注1）《計数計画概要・具体的施策》「数値計画の概要」では、キャッシュフローの算定に引当金増減を含めていないため、キャッシュフロー比率の計算結果が異なっている。
（注2）中小企業特性反映後の実質債務超過時（計画5年目）のキャッシュフロー比率は9.1倍と10倍以下となっている。
（注3）平成26年9月期（計画1年目）のFCF10,879千円には、旧工場の処分収入9,231千円が含まれており、これを除くと1,648千円となる。

中小企業基盤整備機構　認定支援機関向け研修資料より

また、中小企業再生支援協議会では、キャッシュ・フローの改善を重視して、再生計画の条件のひとつとして、計画期間終了時に有利子負債に対するキャッシュ・フローの比率が概ね10倍以下であることとしています。

（出典：『Q&A　これならわかる！キャッシュ・フロー経営』TKC出版）

それだけではありません。通常、借入れには社長の個人保証が付いており、事業承継の際には後継者にそのまま引き継がれる契約になっています。これも大きな問題です。実態を知らずに会社を引き継いで後継者が大変な目にあうのも悲劇ですし、知っていれば知っていたで、後継者は継ぐことを躊躇してしまうかもしれません。たとえ継がなくても保証債務は相続されてしまいます。中小企業の最大の課題のひとつである事業承継においても、財務体質の改善が必要になってくるのです。

要するに、前向きな投資を可能にするキャッシュ・フローを生み出せる状況を作り出さない限り、中小企業に未来はありません。だからこそ経営改善計画を策定し、場合によっては金融機関の支援をお願いしながら、経営に必要なキャッシュ・フローを生み出していく体制を作り出していくことが重要なのです。

ただし、これらを社長のみで行うことはまず不可能です。そこをお手伝いするのが私たち税理士などの認定支援機関ということになります。

経営改善計画策定支援事業にかかるコストは、各認定機関によって、あるいは会社の規模や支援内容で異なってきます。指標になるかどうかは分かりませんが、当税理士法人のスタンダードな例を挙げさせていただきますと、経営改善計画の策定費用は45万円。その

3分の2が国から補助されるので社長のご負担額は15万円。さらに、計画策定後に実施されるモニタリングは3年間で15万円なので、社長のご負担額は年間5万円程度となっています。

経営改善計画策定支援事業は中小企業のための施策

税理士などの認定支援機関は、まず社長にこの制度の十分な説明をし、納得の上で、メインバンクの説得へと進みます。金融機関は、事例が少ないこともあり、意外に経営改善計画策定支援事業の実態をご存じない可能性もあります。聞き慣れない制度のため、門前払いということはあり得ず、通常は興味を持って前向きに話を聞いてもらえると思います。支店長や融資担当者の前で、経営者がやる気を示し、支援の約束を取り付けるのです。

金融機関の説得がうまくいけば、次に各都道府県の「経営改善支援センター」へ「利用申請書」を提出します。この段階では改善計画書は必要ありません。

ここまでのフローを完了して、認定支援機関との業務委託契約書をとり交わし、いよいよ経営改善計画の策定に入ります。計画策定にはさまざまな手法がありますが、通常は認定支援機関が経営計画策定システムを活用し、経営者やメインバンクと話し合いながらシミュレーションを重ねて利益計画の策定を支援します。

具体的には、実現可能な営業キャッシュ・フローを生み出し、その範囲内で、前向きな経営ができるような額の返済を金融機関に検討してもらいます。メインバンクとの合意が取れた後、必要であればバンクミーティングを開催します。

こうしてすべての金融機関の合意を取り付け、経営改善支援センターに書類を提出、然るのち、経営改善計画策定支援事業として認められることになります。

もちろんここで終わりではありません。策定した経営改善計画が予定どおりに進んでいるかどうかをモニタリングする必要があります。認定支援機関がモニタリング（原則3年間）を行い、メインバンクに報告するのか、あるいはバンクミーティングを開催するのかはケースによって違ってきますが、いずれにしても経営改善計画実現のためのＰＤＣＡを回す仕組みを社内に構築することが必要になります。

この経営改善計画策定支援事業は、言うまでもなく中小企業のための施策です。特に上昇意欲を持つ社長、あるいは後継者へバトンタッチして、つつがなく事業を継続させたい社長にとっては十分に「使える」制度です。

中小企業を経営される社長の皆様が、**経営面での信頼すべき参謀として税理士をより活用するとともに、経営改善に向けて自らその環境づくりを行うことが、「会計で会社を強くする」ことにほかなりません。**ぜひ、良きパートナーである税理士とともに、活路を開いていただきたいと思います。

プロの視点

●「100年企業」を作るには、黒字を続けなければなりません。後継者が入りたくなるような会社とするために、社長が誰よりも勉強するなどして「社長力」を高めることも必要です。

●金融機関の支援を受け、経営改善計画を策定し、経営に必要なキャッシュ・フローを生み出していく体制を作り出しましょう。

●企業を取り巻く環境には予測不可能なリスクがつきまとっています。リスクが起こったときに対処できるように、保険の活用によって企業を防衛することも大切な視点です。

●「経営改善計画策定支援事業」は、上昇意欲を持つ社長や後継者へ円滑にバトンタッチして事業を継続させたい社長にとって、「使える」制度です。良きパートナーとなる税理士（認定支援機関）を選びましょう。

簿記・会計先覚者の金言４

商売に一大緊要なるは、平日の帳合を精密にして、棚卸の期を誤らざるの一事なり。

福澤諭吉《ふくざわゆきち》

Yukichi Fukuzawa

わが国で最初に出版された複式簿記解説書の著者、幕末明治の啓蒙思想家

簿記・会計に関する金言　福澤諭吉『学問のすすめ』「第14編」より*1

凡そ商売において最初より損亡を企つる者あるべからず。先ず自分の才力と元金とを顧み、世間の景気を察して事を始め、千状万態の変に応じて或いは中たり或いは外れ、この仕入に損を蒙りかの売捌に益を取り、1年または1箇月の終りに総勘定をなすときは、或いは見込みの通りに行われたることもあり、或いは大いに相違したることもあり、また或いは売買繁劇の際にこの品につきては必ず益あることなりと思いしものも、棚卸に出来たる損益平均の表を見れば案に相違して損亡なることあり、或いは仕入のときは品物不足と思いしものも、棚卸のときに残品を見れば、売捌に案外の時日を費やしてその仕入却って多きに過ぎたるものもあり。故に**商売に一大緊要なるは、平日の帳合を精密にして、棚卸の期を誤らざるの一事なり。**

*1 福澤（1875）138-139頁。

（出典：坂本孝司『会計で会社を強くする　簿記・会計先覚者の金言集・解説〈改訂新版〉』ＴＫＣ出版）

第5章

若者よ税理士を目指せ

税理士を目指す若者が年々減少している

本書を読まれている社長の皆様とは直接関係ありませんが、最後に私のいる税理士業界について話をさせてください。

私は30年前に開業して、地元密着型の会計事務所として今日までやってきました。この30年の間、世界も日本も非常に大きな変化がありました。会計事務所、税理士の業界は、他から見ればあまり変化がないと思われるかもしれませんが、少なからぬ変化がありました。

現在の最大の課題は、この業界に入ってこようとする若者が激減している事実です。若者が目指さない業種になってしまった理由は、一つには試験が難しいということがあります。たとえば以前には大学院を2つ卒業して修士を2つ取得すれば4年間で税理士資格が得られる特例がありましたが、いまは税理士資格試験の5科目のうち2科目は合格しなければいけないのでより狭き門になっています。

またこれまでは、たとえ難しい試験であっても資格を取ることさえできたら、独立開業して自分の事務所を持つという夢が描けました。しかし昨今は独立開業することがより困難になっています。開業してもお客さんがなかなか獲得できないことが最大の理由です。つまり難しい試験に合格しても、資格を取っただけでは飯が食えない、だから税理士資格を取って一般企業に勤める人が増えています。このように業界が変わってきています。

若者から見て業界としての魅力が感じられない。これが最大の課題です。構造不況的な要素が見られるわけです。

しかし本当に魅力のない仕事なのでしょうか。私は決してそうは思いません。

大企業と違って中小企業は自分で会計をやらなければならない。だからこそ税理士が必要です。大きな会社であれば、専門の部署があって会計をしっかりやって、しかもその会計を経営に生かしています。中小企業にはそんな部門はありません。社長自身が税理士、会計事務所の力を借りて、会計を見ていかないといけないのです。見ていけばいろんなことに気づき、経営の改善にもつながります。

本書で述べてきたように、今や税理士という仕事は、税務の専門家という位置にとどまっていてはいけないと考えます。中小企業のパートナーとして社長に対して会計の読み方、会計の力を教えていくという仕事。まさに会計指導力の発揮です。会計の力を発揮して、その会社を良くすることが、税理士に期待されている役割であり、求められている資質であると思います。

現在、税理士の置かれている環境は非常に厳しいですが、若い人たちに言いたいことは人数が減ってきていることはむしろチャンスでもあるということです。あえてチャレンジして資格を取って、税務だけでなく経営助言をやっていくことによって、発展する可能性は非常にあります。目指すところは、中小企業経営者の頼もしいパートナーとなることです。そこに大きなやりがいと、職業専門家としての未来が描けると私は確信しています。

中小企業の役に立ち社長から感謝される仕事

社長が頭で思っていることを数字で見られることが会計のすごさであり、そのお手伝いをするのが税理士です。「こう変わりますよ」と助言することが、社長が気づいて行動していくきっかけになる。中小企業に密着してその役に立つ税理士の仕事は非常にやりがいのある仕事です。後に続く若い人たちに期待したいと思います。

「社長の思っていることを数字で表すとこうなりますよ」という助言は、私たちにしかできない。そこを見せてあげるだけで社長はやる気になる。それが会計の力です。仕訳を切って、試算表を並べるだけが会計ではありません。社長がそれを見て、自分がやってきたことに気づき、さらにシミュレーションを加えるなどしていくことで社長のやる気が喚起されるのです。

月に最低1回訪問して、「社長、業績はどうですか？」と聞いて、「このままいくとこうなりますよ」と助言し、四半期ごとに「業績検討会をやるからぜひ事務所に来てください」と提案すると、自分の会社の経営を考える機会を作ってくれたと非常に感謝されます。

昨今、パソコンが安くなって、安易にコンピュータを使えるようになり、会計ソフトもたくさんあるので、それを自分で買ってきて決算に困らないように打ち込んでいる中小企業が増えています。しかしその目的は会計を経営に生かすためではありません。入力している数字も専門家が検証したものではありません。それが自分で買ってきた会計ソフトの限界です。

やはり会計のプロからしっかり指導を受けて、毎月きちんと正確に業績を把握する。そのためにパソコンという道具を使うことが大事です。私たちはそこの指導助言をしっかり行っています。社長自身が毎月自分で数字を把握できるようにサポートします。

月次決算は、日頃の会計処理を現金主義ではなく発生主義で行います。

在庫については、概算で入れておいて翌月直せばいい。管理会計はスピード重視です。社長の行動を喚起することが重要です。そこからスタートして正確性を高めていけばいい。そのうち「請求書をもっと早く発行しよう」とか、「実地棚卸をしよう」などという行動につながる。これを毎年継続していくとだんだん数字が読めるようになって、「会計を経営に生かす」ことになっていきます。経営に生きない会計は意味がありません。

社会からの期待に応えて輝かしい未来を！

中小企業の市場の最大の利害関係者は金融機関です。

その金融機関が一番時間を使っているのが、中小企業の決算書の分析です。独自に調べ労力をかけています。中小企業の決算申告書について税務的にどこが問題になり、どう見たのかは税理士法第33条の2による書面添付で明らかになります。会計の処理についても「中小会計要領」という正しいルールに沿って処理していること、さらにその決算書が会計事務所による月次決算の支援などを経て作られたのかどうかについては「記帳適時性証明書」で判断できます。

その結果、決算書の内容をチェックする労力をカットできるので、金融機関から非常に感謝されています。しっかりした税理士の指導を受けて適正にやっていることが分かれば金融機関からの評価にもつながります。これが決算書の社会的信用力ということです。

このような観点から中小企業の支援をきちんと行う税理士は、信頼できる外部専門家として、税務当局や金融機関からも評価されています。

現在、このような税理士が社会から強く求められています。

その一例として、「中小企業経営力強化支援法」に基づいて、経営革新等支援機関制度（認定支援機関制度）が創設され、その中心を税理士が担っています。

中小企業に資金がない理由は、全部銀行返済に回ってしまっていることにあります。利益があがっても、税金を払えば手元資金がなくなってしまう。銀行返済分を少し削らないと事業運転資金が出ない。過大な負担が強いられる返済計画は、事業承継にも悪影響を及ぼします。そこで創設されたのが、経営改善計画策定支援事業です。

認定支援機関である税理士が、中小企業・小規模事業者の経営改善計画策定・モニタリング等を支援するこの事業は、恒久的事業となっています。債務返済が厳しい中小企業等のために、金融機関の了解を得られる実現可能性の高い経営改善計画の策定を支援しています。さらにその計画が実行され、目標が着実に達成されるように、企業の経営改善計画の実行状況についてモニタリング支援を行っています。

これは税理士への社会からの新しい期待であり、業界を巡る新しい動きです。

本書で述べてきた中小企業のパートナーとして、経営を会計で見えるようにしていくことを徹底していけば、このような要請に応えることも困難ではありません。

経営改善計画策定支援と達成状況のチェック等を行うこのような事業は、むしろ今後の税理士の標準業務になる可能性すらあります。

このように税理士という存在が国家、社会から大きく期待されているという事実と、現在の税理士志望者の減少というミスマッチは、いったいどこから来るのでしょう。

それは税理士業務を過去の延長線上から見ることから来ていると考えられます。

ぜひ税理士として担うべき役割を認識していただいて、日本の未来を担う若者が、多くこの業界を目指して、輝かしい未来を自分の力で切りひらいてもらいたいと心から期待しています。

主要参考文献（順不同）

飯塚　毅『会計人の原点』（ＴＫＣ出版）

一倉　定『一倉定の社長学「経営計画・資金運用」』（日本経営合理化協会出版局）

落合孝信・飯塚真玄『中小企業の発展は戦略的な中期経営計画だ！』（産能大学出版部）

坂本孝司『会計で会社を強くする　簿記・会計先覚者の金言集・解説〈改訂新版〉』（ＴＫＣ出版）

ＴＫＣ全国会創業・経営革新支援委員会バランス・スコアカード研究小委員会『社長の仕事』（ＴＫＣ出版）

『日刊工業新聞』２００６年９月６日（日刊工業新聞社）

『戦略経営者』２００６年１月号「税理士とタッグを組んだ『四半期業績検討会』の進め方」他（株式会社ＴＫＣ）

■著者略歴

齋藤 保幸（さいとう やすゆき）

税理士。税理士法人トップ代表社員
昭和31年生まれ。昭和54年3月中央大学商学部経営学科卒業後、岩田守耕税理士事務所勤務を経て、昭和60年4月に齋藤保幸税理士事務所を開業。平成22年1月に法人化し、税理士法人トップを設立。現在、TKC全国会システム委員会特別委員、TKC静岡会副会長、株式会社TKC社外取締役、特定非営利法人経営改善支援研究会理事長等を兼任。座右の銘は「自利利他」。著書に『社長の仕事』（共著、TKC出版）がある。

中小企業経営者へのメッセージ
黒字経営のシナリオ

2015年6月12日　初版発行　　定価（本体1,200円＋税）

著　者　齋　藤　保　幸
発行所　株式会社ＴＫＣ出版
〒102-0074　東京都千代田区九段南4-8-8
日本YWCA会館4F　TEL03(3239)0068
装　丁　株式会社スタジオ・ギブ

ISBN 978-4-905467-27-4